Réussir son **petit jardin**

Titre de l'édition en langue anglaise : *Small Garden,*
publiée en 2006 par Dorling Kindersley,
80 Strand, London, WC2R ORL

Produit pour Dorling Kindersley par
The Bridgewater Book Co Ltd
A Penguin Company

N° d'édition : FX0264
ISBN : 978-2-0824-0264-4
Dépôt légal : avril 2007

www.editions.flammarion.com

Imprimé par Star Standard, Singapour

John Brookes

Réussir son **petit jardin**

Traduction de Stéphanie Soudais

La Maison Rustique
Flammarion

SOMMAIRE

156 Structure

254 Plantes

Avant-propos

Depuis la publication de mon livre *Le coin jardin,* en 1989, on constate que l'engouement pour le jardin ne cesse de croître. Les jardiniers-paysagistes n'ont jamais été aussi nombreux et les nouvelles idées d'aménagement n'ont jamais autant foisonné, désormais relayées dans le monde entier grâce aux médias et aux salons horticoles. Je pense même que mes réflexions sur la « pièce extérieure » y sont pour quelque chose. C'est d'autant plus satisfaisant que cet intérêt pour l'aménagement de son jardin ne relève plus de la simple horticulture.

Bien que les styles aient évolué et que les outils se soient modernisés, je constate avec plaisir que ce que je suggérais en 1989 est toujours d'actualité. Même s'il est extrêmement ludique d'étudier, de sélectionner et de proposer de nouvelles idées et de nouveaux exemples, il n'en reste pas moins que l'art d'agencer un jardin dépend avant tout de vous, car il faut tenir compte de l'espace disponible et de la manière dont vous vous y déplacez. Au fil du temps, les paysagistes ont développé des goûts de plus en plus minimalistes et s'inspirent désormais d'idées venues des quatre coins de la planète ; le côté luxuriant est moins recherché, au profit de configurations plus impressionnantes. Malgré cela, les règles d'agencement n'ont pas changé, et j'espère que *Réussir son petit jardin* vous aidera à créer le plus beau des jardins.

John Brookes

Chez moi Végétation printanière poussant sur du gravier le long de ma terrasse.

ESPACES DE VIE

En ville, en banlieue ou à la campagne, tout espace extérieur, même petit, peut être transformé en un lieu de vie et de détente.

Petit jardin en terrasse Configuration simple et fonctionnelle. Les formes et les couleurs s'accordent pour créer une ambiance chaleureuse.

Introduction

L'espace est un bien précieux, surtout en ville où il est parfois si rare et si cher qu'il vaut mieux profiter de chaque centimètre carré. En effet, rien n'est plus agréable que de pouvoir jouir de son espace extérieur (rebord de fenêtre, balcon, terrasse sur toit ou de plain-pied) et d'agrandir ainsi sa maison.
Généralement, on associe au mot « jardin » les pelouses, les plates-bandes fleuries et la terre, mais aussi les outils, les paillis, les engrais, et le plaisir de jardiner. Mais trop souvent, on s'imagine qu'un petit jardin n'est qu'une version miniaturisée d'un grand jardin qui doit reprendre tous les éléments de celui-ci.
Afin de tirer le meilleur parti d'un espace limité, il est nécessaire de laisser de côté votre conception habituelle du jardin, notamment en ce qui concerne son emplacement et les éléments qui le constituent. Les jardins sont avant tout fait pour les hommes et non pour les plantes.

Un beau jardin peut être créé en combinant toutes sortes de techniques et d'éléments décoratifs, la végétation n'étant qu'un seul de ceux-ci. Ainsi, votre jardin peut se composer de sculptures, de plans d'eau et de très peu de plantes (le tout étant éclairé la nuit pour une ambiance magique). Mais un minuscule jardin urbain aux allures de jungle luxuriante sera tout aussi charmant, d'une part car la végétation adoucira l'atmosphère générale, d'autre part parce que sa taille réduite en facilitera l'entretien. La meilleure façon d'apprécier le potentiel de votre jardin, en termes esthétiques et fonctionnels, est d'en dessiner le plan, c'est-à-dire d'en prévoir l'agencement et le style afin qu'il s'harmonise avec votre mode de vie mais aussi le style de votre maison et des alentours.

« L'espace est précieux… il vaut mieux profiter de chaque centimètre carré. »

Paradis au crépuscule (droite) Ce jardin est plus adapté aux climats chauds, en particulier le soir, lorsque le bruit de l'eau se fait doux à l'oreille et que la lumière se fait de plus en plus subtile avec la tombée de la nuit.

Enchantement permanent Dans un climat tempéré, les fenêtres coulissantes permettent de profiter de son jardin à n'importe quel moment de l'année.

Pièce extérieure

Posséder un espace extérieur, ne serait-ce qu'une vue sur la nature alentour, est un privilège qu'il ne faut pas sous-estimer. Qu'il s'agisse d'un balcon, d'un toit-jardin ou d'une terrasse, votre petit jardin est un refuge qui vous permet d'échapper au stress quotidien de la ville. Considérez votre espace extérieur comme une pièce à part entière, dans laquelle vous pouvez manger, lire, contempler la nature ou jouer avec vos enfants. La meilleure façon de créer une ambiance chaleureuse est de commencer par déterminer précisément comment vous souhaitez utiliser cette « pièce », puis comment vous pouvez la rendre agréable à vivre.

Évidemment, il est plus facile de créer un jardin convivial si vous vivez dans le sud ou sous un climat chaud ! Néanmoins, il est tout à fait possible de capturer et d'apprécier chaque minute d'ensoleillement et de chaleur dans des régions plus septentrionales. En effet, une atmosphère chaleureuse ne dépend pas seulement du soleil et les manières de rendre un endroit convivial ne manquent pas. Vous pouvez, par exemple, réduire le risque de courant d'air, cacher les vues inesthétiques, créer une certaine intimité ou jouer sur les couleurs pour donner du charme à l'endroit, même lorsque le soleil reste derrière les nuages.

Relaxation (en bas à gauche)
Cette cheminée installée dans une véranda contribue à créer une belle linéarité qui invite à la détente.

Salon extérieur (ci-dessous)
Et pourquoi ne pas construire un bar pour recevoir vos amis ?

« Considérez votre **espace** extérieur comme faisant partie **à part entière** de votre logement. »

« La configuration et le style du **jardin** ne doivent en aucun cas être dissociés de ceux de la **maison.** »

Jardin vu de l'intérieur

Une fois que vous avez réussi à rendre votre jardin vivable en été, ne gâchez pas tout en le délaissant l'hiver ou lorsque vous restez à l'intérieur de la maison. Au moment d'aménager votre extérieur, imaginez ce à quoi il ressemblera lorsque que vous le regarderez de l'intérieur (et pas seulement les jours de beau temps), depuis les différentes fenêtres de la maison ou depuis votre fauteuil préféré.

Agencement du jardin

Il est plus facile d'aménager un jardin en considérant celui-ci comme une pièce à part entière, et encore plus s'il n'est pas très grand, car il s'agit d'une démarche similaire à celle de l'agencement intérieur de la maison. Choisissez ce que vous souhaitez y mettre et optez pour un design simple et clair. Plus le jardin et la maison sont petits, plus leur configuration et leur style doivent s'accorder et être complémentaires : l'intérieur exigu profite alors de la vue sur le jardin, tandis que celui-ci apparaît plus grand et prolonge la pièce de manière harmonieuse.

Terrasse en bois (page de gauche)
Le rebord de la terrasse en bois sert de siège à la table.

Table de jardin (ci-dessous)
Petite terrasse en bois servant de coin-repas, en contrebas de la maison. La végétation environnante crée une agréable sensation d'intimité.

Tendance orientale (ci-contre)
Que diriez-vous d'un dîner sous le regard de Bouddha ? Cette statue crée une atmosphère orientale et attire le regard même depuis l'intérieur de la maison.

Continuité entre intérieur et extérieur

Mais comment connecter l'intérieur et l'extérieur de manière harmonieuse ? Tout d'abord, dites-vous qu'il s'agit de faire fusionner le jardin avec la pièce adjacente pour créer une continuité entre extérieur et intérieur. Essayez de bien proportionner les deux espaces, vous obtiendrez plus facilement l'effet recherché. La manière dont vous agencerez l'extérieur pourra ensuite renforcer le lien avec l'intérieur. La plupart des gens aménagent leur jardin après les pièces du logement, par conséquent, il est préférable de commencer par observer la manière dont celles-ci sont organisées.

Continuité spatiale (à droite)
Les portes facilitent l'accès au jardin et l'interpénétration des espaces extérieur et intérieur.

Maison en verre (ci-dessous)
Cette salle à manger entièrement entourée de verre vous donne l'impression d'être dehors.

« Créer une continuité entre extérieur et intérieur. »

Quel style ?

Commencez par étudier le style de votre intérieur : décoration d'époque ou contemporaine ? Dans le second cas, s'agit-il d'un mélange minimaliste de bois et de verre ou bien de matériaux naturels ? Analysez ainsi la pièce puis voyez comment vous pourriez transposer le style dans votre jardin. Vous retrouverez par exemple un style d'époque avec un banc en pierre ou une fontaine à l'allure majestueuse.

Renforcer la continuité

Attardez-vous à présent sur les couleurs de la pièce. S'agit-il de couleurs vives qui s'accommoderont bien d'un extérieur plus discret ou, au contraire, de couleurs neutres que vous pouvez faire contraster avec un jardin plus coloré ? Le revêtement intérieur peut-il être utilisé en extérieur ? Si non, trouvez-en un de style comparable. Choisissez ensuite des objets décoratifs qui feront écho au style. Sachez cependant que ces conseils ne sont pas forcément à suivre au pied de la lettre. Personne n'ira vous demander si le style de votre jardin est vraiment d'époque. Écoutez vos envies et voyez quels résultats vous obtenez.

1 **Verre et lumière** Quel bonheur de se reposer dans cette oasis de verdure ! Pour profiter au mieux de votre jardin, de jour comme de nuit et 365 jours par an, installez un maximum de baies vitrées. Par ailleurs, un éclairage nocturne vous permettra de profiter d'un jardin bien abrité plusieurs mois par an et donc de disposer d'une pièce supplémentaire.

2 **Verdure** Quitte à utiliser beaucoup d'espace, n'hésitez pas à planter un grand nombre de buissons, si possible persistants ; ne vous préoccupez pas de la couleur des fleurs, vous verrez cela plus tard. En revanche, le parfum qu'elles dégagent est à prendre en compte, surtout dans un petit jardin.

3 Mobilier
Cette table en verre à pied très décoratif et les quelques chaises légères qui l'accompagnent n'accaparent pas tout l'espace et s'accordent très bien avec le mobilier intérieur.

4 Bambou
Le bambou est une bonne plante persistante, pas trop lourde et supportant bien l'ombre. Choisissez une forme décorative comme le *Fargesia murieliae,* qui se penche avec grâce.

5 Couverture végétale
Un sol recouvert de végétaux permet de retenir l'humidité, ce qui est pratique en ville car les jardins, qui ne sont pas souvent arrosés par la pluie, s'assèchent rapidement. On utilise souvent la petite pervenche *(Vinca),* mais j'ai aussi un petit faible pour les *Lamium.*

Jardin, quel jardin ?

Vous pensez sans doute que tout ceci est parfait pour ceux qui possèdent une jolie petite cour abritée mais pas pour ceux qui doivent se contenter d'un passage exposé aux courants d'air et non éclairé, d'un simple rebord de fenêtre ou de tout autre endroit que l'on ne peut pas appeler jardin ni même considérer comme une pièce extérieure ? Certes, ces espaces peu attrayants, généralement négligés et qu'on laisse devenir sombres, humides et frais, surtout s'ils sont situés en sous-sol, ne pourront pas être transformés en jardin ; en revanche, vous pourrez certainement les embellir. Si votre seul espace extérieur ne consiste qu'en une série de marches banales menant au garage, au lieu de les laisser à l'abandon, faites en sorte qu'elles deviennent agréables à monter et qu'elles se remarquent de l'intérieur de la maison ou de la rue. Il existe de nombreuses façons d'égayer un endroit peu engageant ; on peut songer aux plantes, mais ce n'est pas forcément la première chose à faire. Pensez plutôt à un petit coup de peinture : rien de tel qu'un motif ou même un trompe-l'œil de couleur vive (voir page 67). Vous pouvez aussi changer le revêtement du sol et améliorer l'éclairage. Les espaces qui vous semblent petits sur le plan sont souvent entourés de hauts murs trop écrasants. Il faut donc « abaisser le plafond ». Une pergola composée de poutres aura l'inconvénient de cacher de la lumière ; en revanche, vous pouvez tendre des cordes ou du fil de fer, plus légers que la pergola, et y faire pousser une plante grimpante qui rendra le lieu plus accueillant, même si plus petit, mais idéal pour y boire un verre le soir.

« Il existe de **nombreuses façons d'égayer** un endroit peu engageant. »

Lieu de relaxation (ci-contre) Une utilisation réfléchie des couleurs et des matériaux naturels transforment cette petite arrière-cour en un havre de paix.

« Non-jardin » (ci-contre)
Le moindre espace peut être utilisé sans nécessairement devenir un jardin.

Jardin jungle
(ci-dessous à gauche)
Dans un espace trop confiné, un jardin devient rapidement envahissant.

Jardin vertical (ci-dessous à droite)
Faire pousser les plantes sur les murs vous laisse de la place au sol pour vous déplacer, tout en embellissant la vue à hauteur des yeux.

Porte d'entrée et fenêtres

Généralement, on ne réalise pas que les portes et les fenêtres, qui font la transition avec l'extérieur, possèdent un grand potentiel décoratif. Un cadre de fenêtre peint en couleur et quelques pots de fleurs sur le rebord peuvent élargir votre pièce et supprimer la frontière entre intérieur et extérieur. Si vous vivez au dernier étage, imaginez que les fenêtres sont des cadres entourant une peinture de paysage, comme par exemple la cime d'un arbre ou la maison voisine. Les recoins ne doivent pas être laissés à l'abandon ; au contraire, n'hésitez pas à investir financièrement pour les transformer en petite scène théâtrale où les accessoires, les illusions d'optique, la lumière et la couleur donneront vie à l'ensemble.

Quelques idées pour les « non-jardins »

Voici comment je décorerais une maison de ville construite comme suit : bureau au sous-sol donnant sur une petite cour intérieure, cuisine et porte d'entrée au rez-de-chaussée, salon-salle à manger à l'étage et chambres au-dessus, donnant sur un toit suffisamment grand pour être transformé en terrasse.

1 Porte d'entrée Dans le prolongement des lignes creusées dans le plâtre, fixez des tiges en fer qui feront office de tuteurs pour plantes grimpantes. Vous obtenez une atmosphère plus intime et réduisez la sensation d'être écrasé par le mur.

2 Jardinière Jardinière en bois avec système de drainage, imperméabilisée afin de ne pas humidifier le mur.

3 Cour La cour est pavée de la même manière que devant la porte d'entrée, et la présence d'un arbre attire l'œil depuis la rue.

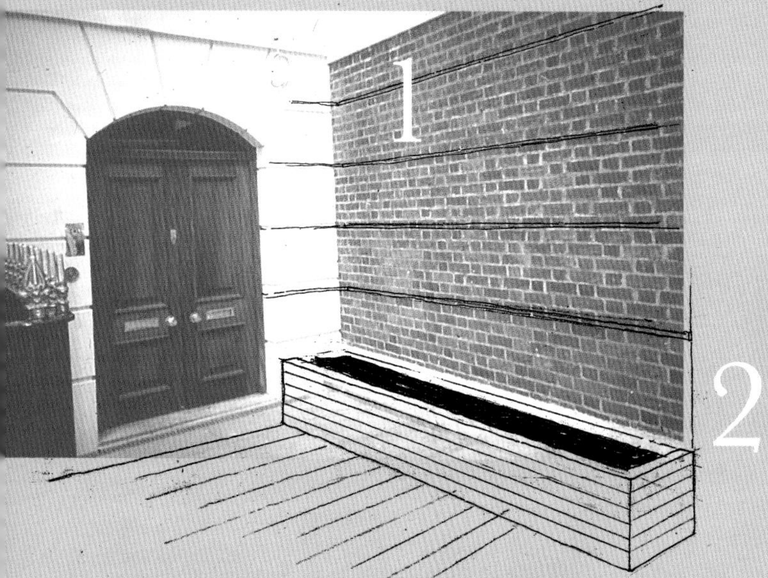

De la rue, on accède à la petite cour par un escalier en colimaçon.

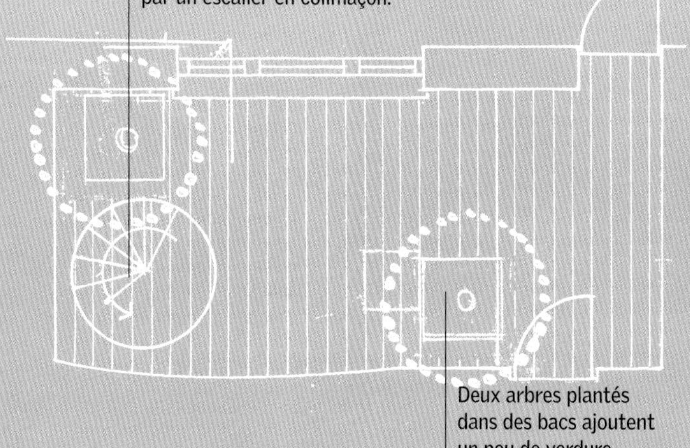

Deux arbres plantés dans des bacs ajoutent un peu de verdure.

4 Toit-terrasse
Le sol est recouvert d'un plancher en bois bleu pâle. Deux oliviers poussent dans des jardinières Versailles en fibre de verre.

5 Banc
Le banc intégré orné de coussins en toile bleue n'attend plus qu'une table.

6 Jardinière
Le bac sous la balustrade contient un *Pittosporum tobira* persistant qui cache des regards, ainsi qu'un plumbago bleu dont les branches retombantes fleuriront tout l'été.

7 Jardinière
Au-dessus de la porte, les géraniums lierres offrent un bel effet fleuri. Le jardin est protégé des rafales de vent.

Avant transformation
(en haut à gauche)
Jardin bordé sur un côté d'un mur en silex finement taillé.

(en haut à droite)
Maison rurale en brique et silex, dont la façade arrière est défigurée par les gouttières.

(en bas à gauche)
Accès très étroit au jardin, par la porte de la cuisine.

(en bas à droite)
Au fond du jardin, cabane abritant une machine à laver et un congélateur.

Transformation

Ce jardin surélevé, situé à l'arrière d'une maison anglaise du XIXe siècle construite en brique et en silex, monte légèrement vers une énorme cabane de type chalet servant de buanderie. Très pratique, mais peu esthétique. Il me semblait essentiel d'introduire quelque chose au centre du jardin qui puisse détourner le regard de la cabane, regard qui serait également guidé par des murs en aile incurvés. Quant aux marches menant au jardin, très austères, il suffirait de les arrondir et d'en faire un élément de décor pouvant même servir de siège ou de support pour des pots en tout genre, formant une sorte de rideau devant la scène que représente le jardin.

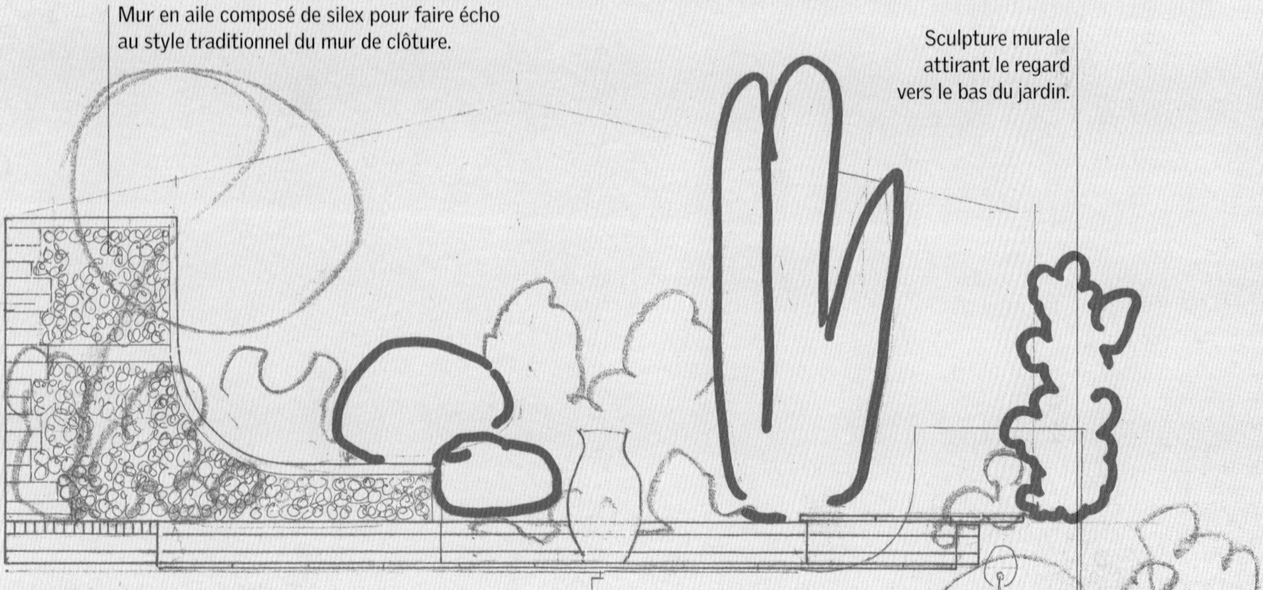

Marches

J'ai choisi de construire des marches afin de détourner le regard de la maison et de l'inviter à s'attarder sur le jardin. Elles partent de la zone située devant la cuisine, où j'ai également fait installer une sculpture murale visible de l'intérieur de la bâtisse.

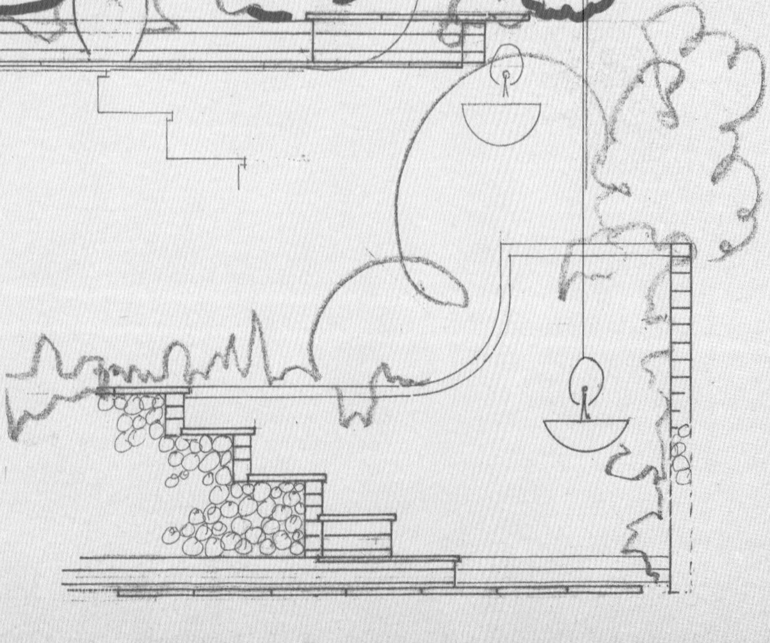

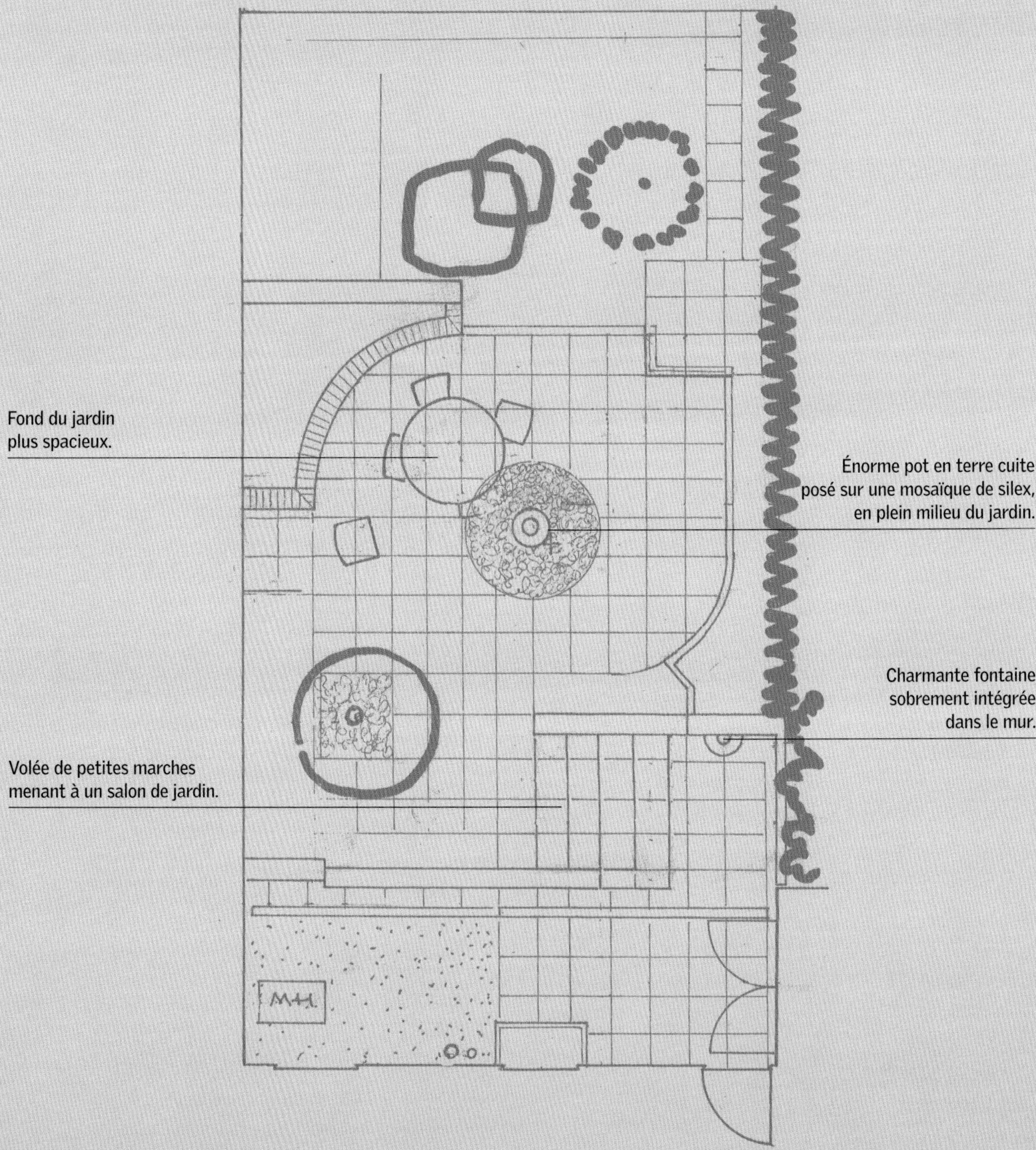
Fond du jardin
plus spacieux.
Énorme pot en terre cuite
posé sur une mosaïque de silex,
en plein milieu du jardin.
Charmante fontaine
sobrement intégrée
dans le mur.
Volée de petites marches
menant à un salon de jardin.

Conception

Tout mon travail devait se baser sur la taille des dalles, que je voulais couper le moins possible, car le coût de réalisation d'un jardin ne dépend pas du prix des matériaux mais plutôt de la quantité de travail qu'ils exigent. Étant donné que les murs en silex sont déjà longs à réaliser, il faut économiser sur la durée des autres travaux. Par ailleurs, les propriétaires m'avaient également demandé de transformer le jardin en un espace fonctionnel tout en conservant une certaine surface de verdure. Il fallait tenir compte du fait que ce jardin se voit très bien de l'intérieur de la maison et même depuis la porte d'entrée. Enfin, en plus des dépenses liées aux travaux, il ne fallait pas oublier que tous les matériaux devraient être acheminés par l'intérieur de la maison, seul chemin d'accès au jardin.

Travaux

J'ai commencé par nettoyer le sol en enlevant tout ce qui était inutile, comme par exemple les vieux pots, les mangeoires à oiseaux abîmées et les branches d'arbre cassées. Ensuite, j'ai élaboré une maquette, plus parlante qu'un schéma, afin que le propriétaire puisse apprécier le projet. Après avoir mesuré les niveaux et enlevé la pelouse, j'ai creusé le sol en conservant la couche supérieure de terre (même pauvre) qui sera revitalisée et réutilisée. Les couches inférieures du sol et les gravats ont été évacués en brouette.

Petit à petit, les surfaces planes ont vu le jour, les fondations ont été creusées puis coulées en béton, et les murs ont été construits. J'ai terminé par le dallage. Le curieux pot central forme un bloc qui aurait pu ne pas être du plus bel effet, mais ici, il passe bien et met en valeur la teinte bleue du silex. Les marches partant de la maison parachèvent le tout de manière très charmante.

Détails (ci-contre, de haut en bas) Le mur en aile situé au fond du jardin est surmonté d'une rangée de briques posées sur le silex, tandis que celui situé en contrebas du jardin sera enduit et peint. Le pot en terre cuite est posé sur une « mosaïque » ronde composée de morceaux de silex. La terrasse et les marches sont en béton préfabriqué, qui se marie bien avec le silex. Notons que le bord des marches fait saillie au-dessus des contremarches en brique et silex.

Plantation

Généralement, il s'agit d'une étape que l'on s'empresse de réaliser, mais souvent trop tôt dans l'année, avant même que l'aménagement du jardin ne soit achevé. Dans l'exemple qui nous intéresse, il a fallu travailler autour des plantes qui existaient déjà (peu nombreuses) et réfléchir à ce que l'on pourrait cultiver sur ce sol calcaire. Avant cela, le sol des parterres a été préparé avec la terre précédemment enlevée, à laquelle on a rajouté un engrais organique pour améliorer sa capacité à retenir l'eau. En effet, ce type de petit jardin sur sol calcaire s'assèche très vite et s'il est situé à l'abri du vent, il y fait rapidement chaud.

J'ai choisi les plantes en fonction de l'objectif de résultats immédiats, et les ai placées assez proches les unes des autres pour créer l'effet instantané recherché. J'ai opté pour des lis (*Lilium auratum*, *Lilium regale*, etc.) qui font partie de mes plantes préférées : mis en terre lorsqu'ils sont déjà en fleurs, on obtient un effet magistral immédiat. J'ai également planté des roses pour adoucir les murs, ainsi que des caryophyllacées pour leur feuillage retombant et leur parfum.

Espace de plantation
(ci-dessous à gauche)
J'ai arrondi les coins des murets qui délimitent la surface plantée et sur lesquels on peut s'asseoir ;
(à droite) les marches peuvent servir à poser des pots d'herbes aromatiques.

A 2 *Viburnum tinus*
B 2 *Hosta glauca*
C 1 fusain d'origine
D 1 conifère d'origine
E 1 *Solanum glasnevin*
F 1 *Prunus* x *subhirtella* 'Autumnalis'
G lis
H 1 *Rosa* 'Guinée' grimpant
I 3 *Kniphofia caulescens*
J 3 *Artemisia* 'Powis Castle'
K 1 *Pittosporum garnettii*
L 1 *Rosa* 'Madame Grégoire Staechelin' grimpant
M 1 *Hedera canariensis* 'Gloire de Marengo'
N 1 *Elaeagnus ebbingei*
O 2 *Olearia macrodonta*
P 1 *Rosmarinus repens*
Q poirier d'origine
R 3 *Heuchera* 'Palace Purple'
S 2 *Convolvulus cneorum*
T 1 *Pittosporum tobira nanum*
U 1 *Buddleia alternifolia*
V 4 *Hebe pagei*
W 1 *Plumbago capensis*

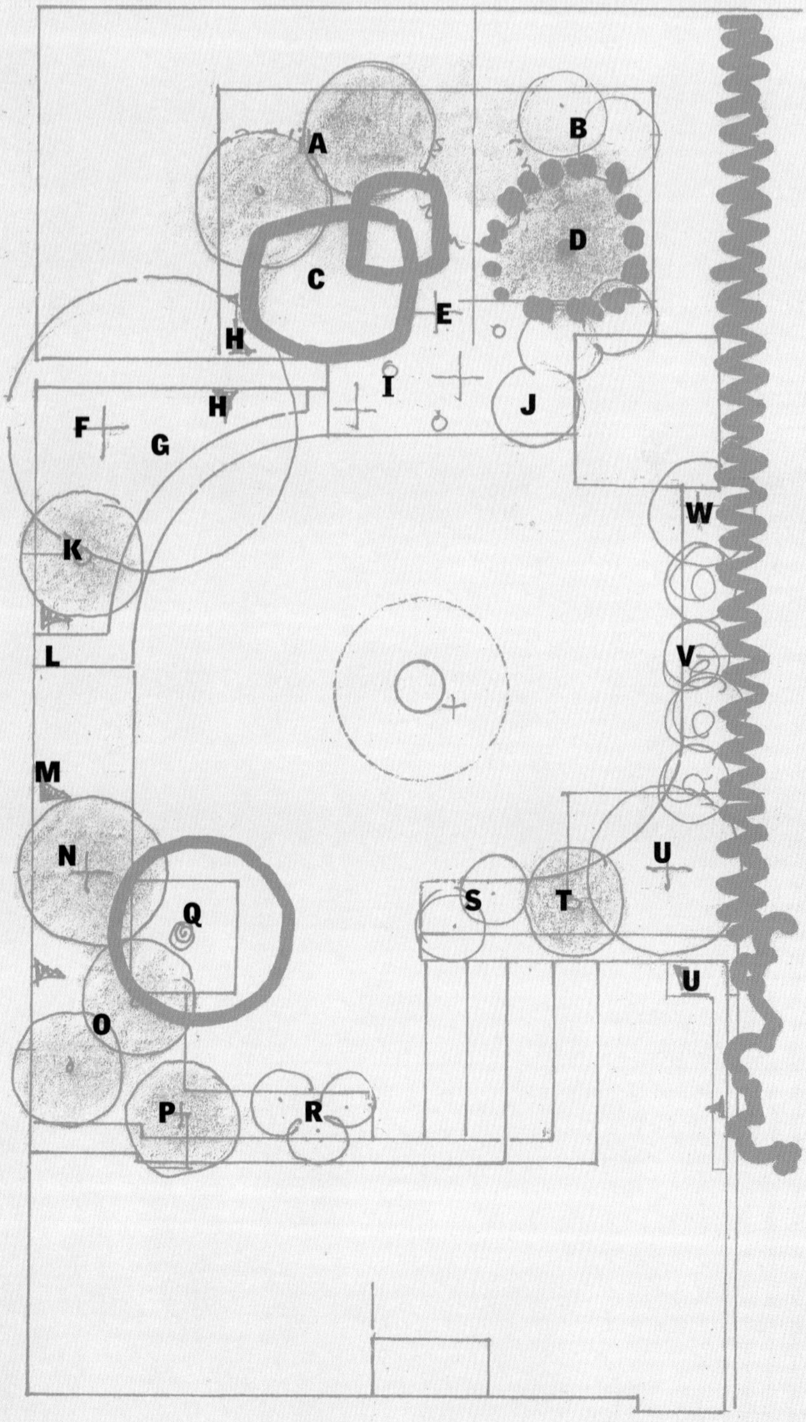

Après transformation

Les murs qui n'étaient pas en silex ont été enduits et peints en blanc pour illuminer le jardin. Une sculpture en terre cuite noire a été installée sur le petit mur en aile que l'on voit de l'intérieur de la maison. J'aime beaucoup son côté sobre et discret.

Nous avons opté pour un mobilier simple en bois qui restera dehors toute l'année et prendra une couleur grise avec le temps. Les coussins jaune vif donnent un petit air de fête à la scène.

Le chalet au fond du jardin a été peint en marron : le regard étant attiré par des éléments plus attrayants (mobilier, grands pots de fleurs, fontaine), on ne le remarque plus.

Pour mon effet « rideau de scène », je me suis contenté du minimum en posant des pots d'herbes aromatiques très pratiques sur les marches qui mènent à la cuisine.

Fontaine murale (ci-contre)
Le design de cette fontaine ornementale est simple et efficace. La pompe de circulation se situe à la base de la fontaine et l'eau circule dans le mur pour ressortir par la bouche.

Jardin après transformation (ci-dessous) Résultat final. Notez la table placée à l'ombre du vieux poirier.

style

Même le plus petit des jardins doit posséder son propre style – un style qui vous ressemble, qui corresponde à votre manière de vivre, ainsi qu'au caractère de votre maison et des alentours.

Jardin champêtre (ci-contre) Style typique des « cottages » anglais, ici dans sa forme la plus classique mais aussi la plus attrayante.

Choisir un style

Le mot « style » qualifie de nombreuses choses : une personne, un lieu, une voiture, un vêtement. Je considère qu'un jardin a du style lorsque l'on voit clairement que les formes et les motifs sont arrangés d'une manière esthétique et agréable à regarder. Certains styles peuvent ne pas correspondre à vos goûts, mais s'ils offrent une vision cohérente, il vous arrivera peut-être d'admettre qu'ils ont « du style ». Mais comment faire le lien entre de telles considérations abstraites et votre propre jardin lorsque l'on sait qu'il y a une quantité de facteurs à prendre en compte, comme par exemple l'orientation et les limites physiques du site, le style de la maison, et, encore plus important, la manière dont vous souhaitez utiliser l'endroit ?

Le tout est de considérer que chaque élément du jardin (qu'il s'agisse d'un mur, du mobilier, des marches ou d'une plante en pot) n'est qu'une simple pièce de puzzle. Gardez constamment à l'esprit la manière dont les éléments interagissent entre eux en termes de couleur, de forme et de matériaux, et le rôle qu'ils jouent les uns par rapport aux autres. Un jardin agencé de manière trop éclectique, avec un parterre par-ci, un buisson par-là et tout un ensemble d'éléments agencés au hasard, donnera ce que j'ose appeler un véritable « micmac » dépourvu de charme et fera, de surcroît, apparaître le jardin plus petit qu'il ne l'est réellement. Le jardin réussi, qu'il soit de plain-pied, sur le balcon ou sur le toit, est celui dont tous les éléments qui le composent sont harmonieusement agencés, les plus petits comme les plus grands. Lors de l'élaboration du plan de votre jardin, ne vous laissez pas intimider par la taille de celui-ci. Soyez audacieux et donnez-lui du style !

Chic décoratif (ci-dessus)
Ce jardin au style étudié se compose de deux espaces séparés par une succession de topiaires et de tilleuls (*Tilia* sp.) palissés qui lui donnent un aspect clos. Au premier-plan, de simples *Agapanthus*.

« Chaque **élément** du jardin n'est qu'une simple **pièce de puzzle.** »

Géométrie moderne Simplicité et minimalisme dans ce salon extérieur surplombant un bassin lui-même surélevé, dans lequel se reflète le feuillage des arbres. Le tronc ramifié de ceux-ci adoucit les lignes géométriques.

Comprendre le style

Le secret pour insuffler un style à votre petit jardin, c'est de bien comprendre l'essence même de ce style. Les photographies qui suivent vous montrent, par exemple, qu'un style champêtre à l'anglaise (exemple parmi d'autres) peut être interprété de différentes manières. Aucune règle ou formule mathématique n'en détermine la conception. Au contraire, toute l'esthétique de ce jardin résulte de l'émotion ressentie face à ce paysage et de la manière dont les détails y sont intégrés.

Maison de campagne contemporaine (ci-dessus) Dans ce type de jardin, les techniques de plantation actuelles s'inspirent des paysages de prairie où de nombreuses plantes différentes poussent côte à côte et créent une mosaïque de formes, de tailles et de couleurs. Le sol recouvert d'un mulch de gravier permet de conserver l'humidité.

« Quelques caractéristiques d'un style suffiront à créer une **belle harmonie.** »

Reconnaître un style

Le jardin de campagne classique tel que l'on se l'imagine est un paysage coquet et rustique où les rosiers grimpants fleurissent autour d'une porte et où la végétation pousse de manière sauvage. De nombreux jardiniers essaient de cultiver ce style mais le plus souvent, ils échouent et se retrouvent avec un ensemble très désordonné. Or, dans la mesure où cette végétation d'aspect peu entretenu pousse directement sur les murs et autres éléments bâtis du jardin, il est impératif d'en maîtriser la croissance. En effet, la maison d'un véritable jardin de campagne possède un intérêt architectural à travers la couleur de ses murs ou de sa toiture et la texture des briques, de l'argile et des pierres qui la composent. Il faut donc créer une harmonie entre ces matériaux de construction (matériaux durs) et les plantes tendres et fragiles (matériaux souples) qui les recouvrent. Très en vogue en Angleterre, le jardin de style « cottage » répond tout à fait à cette définition en associant une architecture en dur aux formes, textures et couleurs variées à une végétation diversifiée. Le recours à des matériaux, des objets de décoration et des plantes d'origine locale donne à chaque jardin un caractère unique, même si les caractéristiques de base du style restent les mêmes.

Jardin traditionnel en ville (en haut)
Ce jardin champêtre en pleine ville joue sur la variété et la continuité de la floraison en associant arbustes, vivaces et bulbes.

Empilement de paniers (ci-contre)
Ces paniers peuvent servir à cueillir ou récolter ce que vous avez planté ; à ce moment-là, vous éprouverez sans doute le sentiment d'avoir réussi votre jardin.

Interpréter le style

N'hésitez pas à vous approprier un style et à le transposer dans votre propre jardin. Vous pouvez facilement vous inspirer d'un paysage célèbre et l'imiter de manière amusante, par exemple en utilisant des légumes de manière décorative ou en donnant une forme de cœur à certains éléments. Si votre jardin est vraiment étroit, quelques caractéristiques d'un style suffiront à créer une belle harmonie. Vous pouvez, par exemple, créer un effet high-tech en plantant des yuccas dans des bidons de couleur vive, ou obtenir un style classique en installant une statue recouverte de mousse.

1 **Arbres persistants** Jardin inspiré du style japonais moderne, impression renforcée lorsque les portes sont grandes ouvertes. Un groupe de bambous persistants (*Fargesia (Arundinaria) nitida*) encadre la scène.

2 **Mise en scène** Terrasse en granit, ornée de motifs irréguliers créés par de petits îlots de verdure.

3 **Élément central** Petite passerelle en ardoise enjambant un bassin planté de roseaux et de joncs.

4 **Couleur et texture**
L'ardoise utilisée pour le petit pont se retrouve de manière subtile dans le plateau de la table. Des *Agapanthus* et des hortensias (*Hydrangea*) en pot apportent une touche de couleur à la scène.

5 **Plan d'eau**
Attention, si les oiseaux raffolent des plans d'eau, ceux-ci peuvent être dangereux pour vos enfants, même s'ils ne sont pas profonds. Optez plutôt pour un ruisseau de galets et de gravier, et prévoyez un point d'eau pour les oiseaux.

Angleterre et Europe centrale mais aussi États-Unis, qui comprend, en gros, les styles de la Côte est, de la Côte ouest, du Sud, du désert et de la Prairie. L'étude de l'évolution de ces différents styles est une manière d'appréhender les nombreuses manières ludiques d'agencer votre jardin.

Jardin japonais (ci-contre)
Le jardin japonais respire le calme. C'est un jardin qu'il faut observer et contempler, le but étant de comprendre la signification de l'association naturelle de la végétation et des rochers.

Jardin méditerranéen (ci-dessus)
Contrairement au jardin japonais, le jardin méditerranéen est élaboré dans un but fonctionnel. Typique des climats chauds et secs, on flâne volontiers à l'ombre rafraîchissante de ses arbres, au milieu des odeurs de cistes résineux, de romarin et de pin.

Jardin musulman C'est un jardin qu'il faut observer et écouter. Les motifs formés par les dalles sont très importants, autant que les éléments architecturaux. Le son de l'eau et la silhouette sobre des plantes adoucissent les éléments rectilignes.

Jardin du désert Ce type de jardin fait jouer les contrastes entre différentes plantes qui résistent aux sols stériles et souvent sablonneux. Elles ont adapté leur manière de croître pour pouvoir retenir l'eau et éloigner les animaux et oiseaux affamés.

Refléter la maison et le style de vie

Dans le monde entier, le caractère d'un jardin est étroitement lié au style des constructions qui l'entourent. Généralement, la taille et la forme de l'architecture environnante donnent du caractère au jardin : les bâtiments plats et peu élevés élargissent la perspective tandis que les grands immeubles étroits confinent le jardin dans son espace. Le langage architectural trouve souvent un écho dans les détails du jardin et dans son agencement. La couleur et la texture des matériaux utilisés sont également des éléments importants. Le jardin reflète non seulement le style des bâtiments, mais aussi différentes manières de vivre ou des traditions : au Japon, il est empreint d'un symbolisme religieux, alors qu'en Afrique du Nord, le jardin permet de fuir la chaleur, tandis que ses formes et motifs s'inspirent de la tradition musulmane.

Le meilleur des mondes Ces jardins très différents montrent comment l'utilisation de plantes indigènes et d'éléments architecturaux imposants complète le style géométrique et contemporain des bâtiments ainsi que l'agencement du jardin.

Influence des phénomènes naturels

C'est souvent la végétation locale qui nous frappe en premier dans un jardin. Les conifères et les bouleaux font immédiatement penser aux climats froids, tandis que les palmiers et les agrumes évoquent des régions chaudes et sèches. Vient ensuite la lumière : un soleil éclatant et très haut dans le ciel crée des ombres anguleuses et très profondes alors qu'une lumière plus douce semble plus chaude. Dans les régions polaires, la lumière contrastée et rasante forme des ombres très longues.

Styles « ethniques »

Je me permets de qualifier d'ethnique les jardins dont le style s'inspire d'éléments locaux tels que les habitations, les plantes et autres objets décoratifs, et non d'un plan conçu de manière réfléchie. Le jardin du désert est un style ethnique. Le jardin africain, qui trouve son charme dans les pots en terre rouge locale et dans la végétation rustique, existe sous forme similaire au Rajasthan et au Mexique. De même, il existe un style tropical que l'on retrouve aussi dans certaines régions d'Afrique et des Caraïbes.

« Le caractère d'un jardin est étroitement lié au style des constructions qui l'entourent. »

Styles occidentaux

Dans les sociétés occidentales, le style d'un jardin est associé à une période de l'histoire et à une région spécifique. Au XVIIe siècle, les jardins européens étaient géométriques, dans la continuité logique de l'architecture classique : l'un des exemples les plus significatifs est le jardin classique à l'italienne. Au siècle suivant, la vision européenne a commencé à s'élargir vers l'est et à découvrir les jardins chinois et leurs troublantes conceptions abstraites mais toujours naturelles. Ce style fut combiné à l'architecture désordonnée du baroque et à l'asymétrie du rococo pour donner un style organique et fleuri. Le XIXe siècle fut marqué par un mélange de formes géométriques et non-géométriques dans des jardins de petite taille. Parmi les nombreux styles contemporains, citons le style californien de la fin des années 1950, focalisé sur la vie en plein air, ou le style sauvage inspiré de la prairie nord-américaine, très en vogue dans les années 1980.

Bien qu'il soit préférable d'adopter une approche homogène, il est possible de combiner, dans une certaine mesure, des caractéristiques empruntées à des styles bien distincts. Les contrastes peuvent également bien marcher. De telles réalisations sont parfois très réussies, comme vous le constaterez dans les pages qui suivent.

1 **Pelouse**
Pelouse évoquant le style cottage anglais, devant une maison coloniale américaine du XIXe siècle.

2 **Rosier thé**
Les roses sont les fleurs indispensables à tout jardin. Cet hybride de thé (ou rosier thé) a permis de créer des variétés d'arbustes faciles à entretenir.

3 **Rosier grimpant**
Les rosiers grimpants et/ou rampants sont toujours aussi populaires.

4 **Haie de buis**
Les parterres bordés d'une petite haie de buis sont typiques des jardins à la française. Pourtant, le buis est un arbuste que l'on plante depuis les temps romains ; il ajoute de la rigueur à un petit jardin à condition d'être légèrement taillé.

5 **Gravier**
Dans un petit jardin, rien de plus simple et efficace qu'une allée de gravier bordée de bois d'autant plus que c'est une solution très bon marché : optez pour le gravier de votre région et répandez-en une fine couche sur une épaisseur de gravier non lavé.

Votre style de vie

Lorsque l'on observe son terrain et que l'on pense à la grande diversité de styles qui existent, il n'est pas toujours facile de déterminer lequel sera le plus approprié chez soi, ni d'imaginer comment s'y prendre pour lui donner du style. Pour vous aider, commencez par définir votre style de vie et celui de votre maison.

Touches personnelles (à gauche)
Le mobilier de jardin doit refléter votre style et votre personnalité tout en s'intégrant dans l'espace du jardin.

Motifs originaux
(ci-dessous à gauche)
Ce drôle de dallage en ardoise et quartzite attire l'œil au centre du jardin. La petite fontaine passe quasiment inaperçue, tandis que les sièges sont simples et sobres.

Transposer votre style à l'extérieur

Le style de votre jardin doit correspondre à votre personnalité et refléter vos goûts, comme vos vêtements ou votre salon. Peut-être opterez-vous pour un style très carré ou pour un aspect plus désordonné et sauvage. À moins que vous n'aimiez pas le côté fouillis du style anglais et trouviez difficile de gérer un aspect désordonné. En revanche, si vous appréciez ce genre de jardin, peut-être trouvez-vous les arbres bien taillés et la configuration du jardin à la française trop géométriques et l'entretien trop contraignant.

L'aménagement de votre jardin doit également correspondre à votre style de vie. Demandez-vous combien de temps vous pouvez et vous voulez consacrer aux plantes. Si vous avez la main verte et aimez vous occuper des fleurs, prévoyez beaucoup de verdure ainsi qu'un endroit pour ranger vos outils et une table pour effectuer les rempotages. Si, au contraire, votre emploi du temps ne vous permet pas de consacrer beaucoup de temps au jardinage, il est préférable de créer un jardin ne nécessitant pas beaucoup d'entretien, en mettant l'accent sur les textures et les couleurs des éléments, avec par exemple un trompe-l'œil, une sculpture ou encore quelques grandes plantes en pot pour rendre les lieux plus charmants.

« Le **style**... doit correspondre à votre **personnalité.** »

Lieu de retraite
Petit coin tranquille dans un jardin luxuriant.

Utiliser l'espace

Savez-vous ce que vous souhaitez faire de votre jardin ? Un lieu de convivialité avec barbecue et salon de jardin, ou bien un terrain de jeu pour vos enfants et votre chien ? Il existe des dizaines de façons d'aménager l'extérieur de votre logement pour en profiter le plus possible. Si votre jardin est peu éclairé et n'incite pas vraiment à y passer ses journées, des lis et quelques autres plantes odorantes en feront, le soir venu, un havre de paix parfumé. Au contraire, si vous possédez un toit-terrasse très éclairé mais très exposé au vent, agencez-le de manière à l'abriter des courants d'air et des regards.

En harmonie avec le bâti

En ville, l'environnement architectural est pour le moins varié : maisons de toutes les formes et de toutes les tailles, individuelles ou mitoyennes ; immeubles regroupant des appartements de surface très différente, quartiers résidentiels les plus divers. Le style de votre logement a probablement déjà influencé vos choix en matière de décoration intérieure et de mobilier. Faites de même dans le jardin. Tout style architectural possède ses caractéristiques propres que vous pouvez exprimer dans les lignes et les formes du jardin (quelle que soit la taille de celui-ci), ainsi que dans les matériaux utilisés : pierre, ciment ou brique. Le style peut également se retrouver dans le choix et la disposition des pots et du mobilier, ou encore dans les plantes, qui adoucissent le tout. Vous pouvez effectuer votre sélection de manière puriste, en reprenant fidèlement les moindres détails historiques d'un style, ou simplement en empruntant ses principales caractéristiques.

Vie de famille.
Bac à sable (en haut à gauche), qui doit être bâché lorsque les enfants n'y jouent pas, afin de ne pas attirer les chats. Même de petite taille, une surface dallée (en haut à droite), est un espace de jeu idéal.

Jardins à vivre

L'idée selon laquelle le jardin, même petit ou de forme irrégulière, doit être un lieu dominé par la végétation ou encore une version miniaturisée d'un grand jardin de campagne du XIXe siècle, est difficile à mettre en pratique, et même dépassée. On tirera le meilleur d'un petit jardin en traitant chaque élément qui le structure (mur, marches, bassin, mobilier) comme un élément à part entière de l'ensemble et en considérant la végétation non pas comme la raison d'être du jardin, mais plutôt comme un élément de décoration. Lorsque vous aurez créé un agréable petit coin-repas et un autre pour vous relaxer, il restera beaucoup moins de place pour les plantes. Si vous suivez les tendances actuelles en construisant un bassin bouillonnant, un jacuzzi ou une piscine, vous constaterez que l'image traditionnelle du jardin verdoyant et reposant commencera à prendre une nouvelle dimension.

« Réduisez le nombre d'éléments décoratifs ou structurels, mais utilisez-les à échelle réelle plutôt que de les miniaturiser. »

Cheminée chic (à droite)
Rien de tel que se détendre « les pieds devant la cheminée » les soirs d'été, lorsque la rosée rafraîchit l'atmosphère.

Dîner au milieu du jardin (à gauche)
Terrasse carrée pour déjeuner en famille, sur une table se trouvant réellement au centre de la scène.

Fusion totale (ci-dessus)
Plus le concept est simple, plus le résultat est convaincant. Le plancher en bois est utilisé à l'intérieur comme à l'extérieur ; notez la bande de carrelage à droite, qui se prolonge dans le jardin. Les bancs intégrés dans la terrasse parachèvent l'impression d'être dans une « pièce extérieure ».

Interpénétration (à gauche)
Une porte coulissante permet le passage entre la véranda et le jardin. Le mobilier et le plancher, en bois clair, ainsi que les plantes utilisées sont similaires dans les deux pièces, ce qui renforce le lien entre les deux.

Augmenter la taille apparente

De même que l'on peut économiser de l'espace, il existe de nombreuses façons d'augmenter la taille apparente d'un petit jardin. Vous pouvez commencer par faire entrer le jardin dans la maison, en posant par exemple des jardinières sur le sol situé de part et d'autre de la limite entre intérieur et extérieur, afin d'estomper celle-ci. Vous obtiendrez un effet comparable en peignant les murs extérieurs dans des tons similaires à ceux des murs intérieurs. On a souvent tort de croire que les petits espaces sont conçus pour être décorés d'une multitude de petits objets ; cela crée plutôt une vision désordonnée et peut même provoquer un réel sentiment de claustrophobie si le lieu est très confiné. Tout architecte d'intérieur vous dira qu'une petite pièce paraît plus grande si elle contient peu d'objets et que les couleurs et textures utilisées restent très simples.

Le même principe doit être appliqué à l'extérieur afin d'agrandir le jardin. Réduisez le nombre d'éléments décoratifs ou structurels mais utilisez-les à échelle réelle plutôt que de les miniaturiser. Préférez les matériaux simples, en les harmonisant si possible avec ceux déjà en place, comme par exemple la clôture ou les murs de la maison. Intégrez autant d'éléments que vous le pouvez et décorez le jardin d'une sélection de plantes limitée mais judicieuse que vous agencerez en groupes distincts.

Jardin urbain à deux niveaux

Ce petit jardin à deux niveaux est celui d'une maison urbaine de style anglais. À l'origine, un escalier en métal rouillé reliait un étroit balcon à la pelouse mal entretenue qu'il surplombait. Étant donné qu'il n'existait aucun lien visuel entre les deux niveaux, ceux-ci semblaient indépendants l'un de l'autre. La restructuration du jardin avait pour objectif de réunir à nouveau les deux, de rendre l'ensemble plus spacieux et de créer un charmant petit coin paisible au cœur de la ville bruyante.

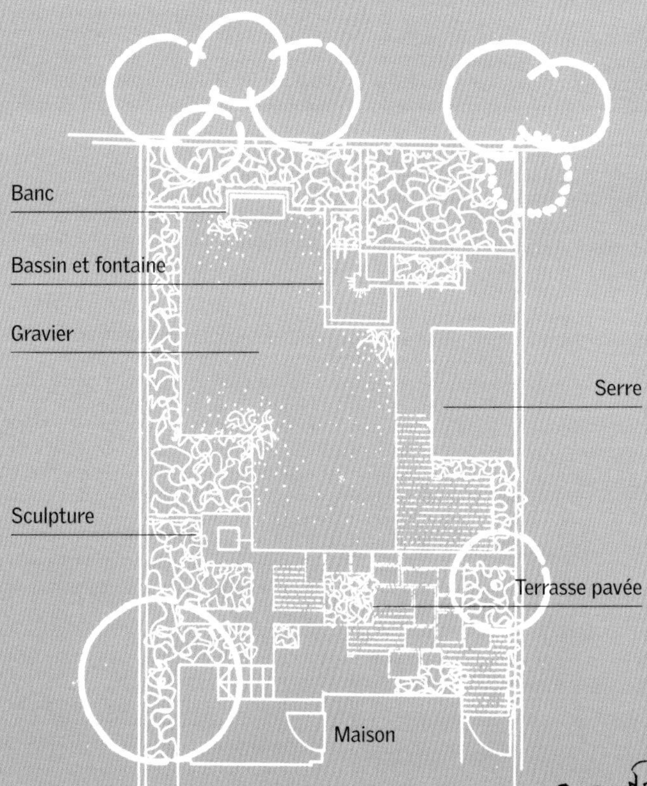

Ci-dessus Plan du jardin

À droite Le nouveau plan superposé sur une photographie de la façade arrière de la maison

Donner du style

Le balcon et l'escalier métalliques ont été remplacés par une nouvelle rambarde en bois, ce qui crée un lien visuel fort avec la porte et les fenêtres, également en bois. Les motifs des barres transversales de la balustrade reprennent les détails architecturaux de la maison. La couleur vert sauge est typique du style Art Nouveau que l'on retrouve à l'intérieur de la maison. Le balcon a été élargi pour pouvoir y installer les chaises de la salle à manger attenante. L'extrémité supérieure de la rampe d'escalier, recouverte d'une plante grimpante, encadre la vue sur le balcon depuis le chemin passant sur le côté de la maison. Au niveau inférieur, la pelouse a été remplacée par des dalles, car l'utilisation d'un matériau dur permet de faire le lien avec la maison. Sa couleur tendre se marie bien avec le vert du balcon. La plante grimpante fait le lien entre les deux niveaux et, comme le reste de la végétation ainsi que l'arbre d'origine, elle donne un air de fraîcheur au jardin. L'impression d'ensemble est celle d'un lieu de repos et de calme en pleine ville.

1 Extension de la cuisine
Le bow-window d'origine a été supprimé afin de rallonger la cuisine et de construire une porte donnant sur le nouveau balcon. La salle à manger ouvre également sur le balcon et sur les marches qui descendent au jardin.

2 Balcon
Le balcon a été élargi pour pouvoir y installer des chaises, tandis que des plantes ont été placées à son extrémité externe pour le protéger du regard des passants qui empruntent le chemin longeant la maison.

3 Terrasse
La terrasse est construite en dalles de différentes formes, en pierre extraite de la région de York.

4 Gravier
Le centre du jardin, recouvert de gravier stabilisé, est très ombragé par de grands arbres, ce qui empêche l'herbe de pousser.

5 Bassins et fontaines
Les deux bassins superposés sont reliés par une fontaine. L'arrière-plan est planté d'arbres persistants pour masquer la vue des courts de tennis qui se trouvent au-delà.

Jeu de miroir (à gauche)
Petit puits de lumière agrandi par un miroir situé sur le mur du fond, et dans lequel se reflètent deux bacs épurés contenant des bambous à tiges jaunes.

Simplicité végétale (à droite)
Transformez un coin de mur en maçonnerie peu attrayante en le décorant de plantes retombantes et de pots de vivaces. De nombreuses espèces supportent à la fois l'ombre et le soleil.

Jardins à contempler

En ville, les immeubles étant très proches les uns des autres, de nombreux citadins doivent donc se contenter d'un espace extérieur aux formes souvent peu avantageuses et peu attrayantes, et qui, même s'il est visible de l'intérieur, n'encourage pas ou ne permet pas de s'en servir. Or, qu'il s'agisse d'une cour sordide, d'un passage étroit ou d'un « puits » au milieu des immeubles, il est possible de transformer ce type d'endroit à première vue déplaisant en un lieu agréable à regarder.

Décorer les espaces restreints

Il existe de nombreuses façons d'égayer un espace de petite taille. Le manque de lumière et un accès difficile empêchent souvent de faire du jardinage ; par conséquent, au lieu de n'y mettre que des plantes, penser à y introduire de la couleur, des miroirs, des sculptures, des peintures en trompe-l'œil et une lumière artificielle. Il est important que la structure du sol s'accorde bien avec celle des bâtiments alentour, par exemple en se basant sur un détail décoratif de l'architecture environnante pour élaborer le motif du dallage. Ainsi, un immeuble du XIXe siècle en briques polychromes peut suggérer un carrelage multicolore.

La prochaine étape consiste à embellir les lieux et accrocher le regard. Une méthode simple et efficace est d'installer une sculpture (voir page 232). Statue classique en pierre ou sculpture moderne et abstraite, l'essentiel est qu'elle ait suffisamment de présence physique pour ne pas être dominée par les alentours. Ajoutez les éléments que vous pourriez trouver dans un espace plus ouvert et mettez-les à la plus grande échelle possible.

La végétation n'ayant généralement pas assez d'impact visuel pour jouer le rôle d'un élément sculptural, il est déconseillé d'en planter dans un endroit peu éclairé ou difficile à entretenir. Mais si les conditions de croissance sont bonnes, un arbre tel que le figuier noueux trouvera toute sa place, à condition que sa silhouette sculpturale se marie bien aux motifs du sol et de l'architecture alentour.

Néo-classique (en haut)
Sculpture néo-classique qui attire le regard.

Fontaine (en bas)
Les galets humides contrastent avec les formes très architecturales des feuilles.

Trompe-l'œil

Voici une manière efficace de déguiser la réalité et de créer un décor théâtral dans un endroit exigu. Les Italiens de la Renaissance excellaient dans l'art de la diversion et de l'illusion, en décorant leurs jardins de statues ou en peignant les murs de subtiles fresques en trompe-l'œil, représentant par exemple un petit singe regardant à travers une balustrade ou encore une personne faisant un signe de la main depuis une fenêtre. De telles techniques ajoutent une note joyeuse et magique à votre jardin.

La peinture peut également être utilisée de manière plus simple. Les murs colorés illuminent et animent le plus lugubre des endroits. Peindre un mur extérieur de la même couleur que la pièce d'où on le voit crée un lien solide entre les deux. Placés de manière stratégique, des miroirs peuvent créer l'impression d'un espace plus grand ou plus éclairé, ou encore dissimuler une vue disgracieuse. Enfin, la lumière artificielle est un moyen efficace de donner vie à une pièce sombre durant la journée, et de lui ajouter une touche de magie la nuit (voir page 237).

Alternative aux plantes

Si les conditions de croissance sont trop pauvres pour permettre aux plantes de pousser ou si l'espace disponible est trop étroit, pourquoi ne pas en peindre sur les murs ? Vous pouvez aussi décorer les lieux avec des fleurs coupées et arrangées dans n'importe quel type de récipient. Les fleurs séchées peuvent également donner de surprenants résultats avec l'avantage de durer plus longtemps.

Décoration murale (en haut)
Bac à fleurs fantaisiste accompagnant le nom d'une maison.

Escabeau décoratif (en bas)
Un petit coup de peinture sur un escabeau et voilà une manière originale d'arranger ses pots de fleurs

Des exemples

Les quatre exemples présentés dans ce chapitre sont des jardins que j'ai dessinés au cours des 25 dernières années. J'espère qu'ils vous prouveront à quel point un petit jardin bien agencé peut devenir charmant et agréable à vivre.

Mon propre jardin

Ce jardin est construit sur une ancienne place de parking, la maison étant une ancienne étable reconvertie. J'ai d'abord aménagé l'intérieur de celle-ci en construisant la cuisine et la salle à manger au rez-de-chaussée, avec portes vitrées ouvrant sur le jardin et permettant d'en avoir une vue globale depuis l'intérieur. D'ailleurs, le jardin a été conçu comme un prolongement extérieur de la cuisine et du salon ; c'est un endroit très agréable pour déjeuner en plein air et qui me semble très proche même lorsque je suis à l'intérieur de la maison.

Vue sur l'extérieur (à gauche) La fenêtre de la cuisine offre une vue dont je ne me lasse jamais. Les poutres de la pergola recouverte de lierre passent entre les branches d'un *Eucalyptus gunnii* très écimé que j'ai planté il y a 25 ans pour son feuillage grisâtre et qui se marie bien avec les murs gris en silex.

Terrasse multi-fonctionnelle (à droite) J'adore le bleu, surtout celui de ces chaises de style adirondack. C'est une couleur qui s'accorde parfaitement avec le gris et le vert (qui se compose de bleu). J'aime beaucoup flâner sur la terrasse et soigner mes plantes.

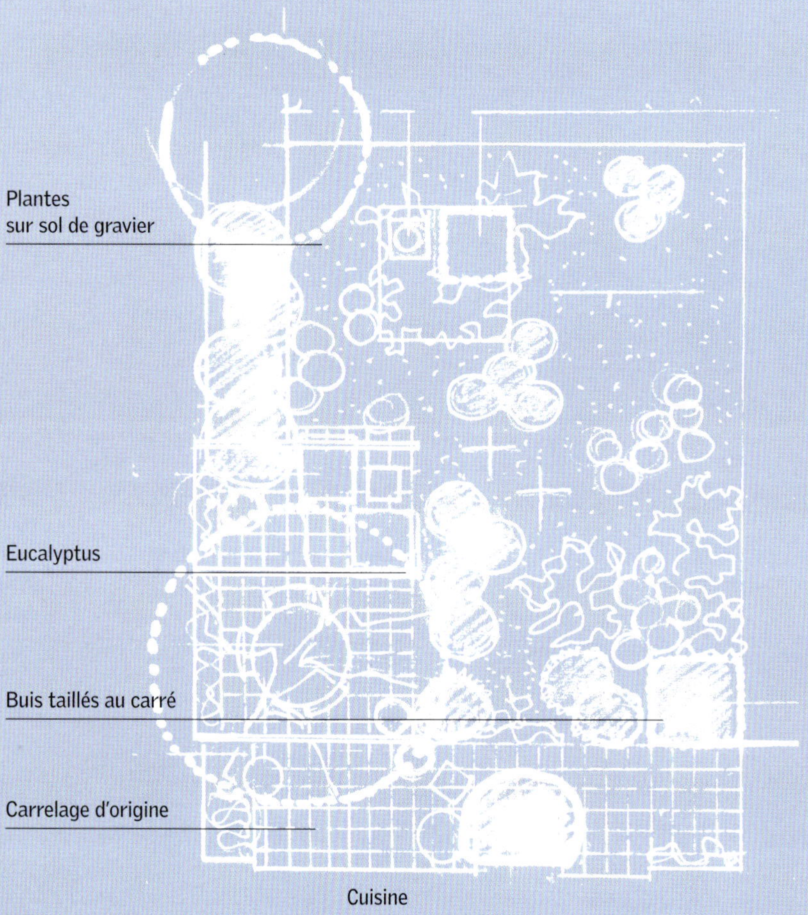

Conception du plan

Afin que le jardin devienne une extension de la maison, il fallait créer un lien étroit entre l'intérieur et l'extérieur, ce que j'ai fait en réalisant une terrasse reprenant les dimensions de la cuisine. Le plafond de celle-ci se prolonge à l'extérieur sous forme d'une pergola située à la même hauteur. Elle est fabriquée dans le même bois teinté et non raboté que celui de la porte et du cadre des fenêtres. L'espace qu'elle surplombe forme comme une véritable pièce extérieure, impression renforcée par les plantes grimpantes qui tapissent le mur latéral. Deux lampes diffusent une lumière chaleureuse qui illumine la scène avec douceur et invite à venir s'asseoir les soirs d'été. La nuit, cette lumière permet d'admirer le jardin de l'intérieur et donc d'en profiter plus longtemps, plaisir décuplé en hiver, lorsque la nuit tombe rapidement.

1 **Matériaux recyclés**
De l'ancienne étable, j'ai conservé le sol carrelé et la gouttière courant sur la gauche du bâtiment. Disposés en motif dynamique de part et d'autre d'une rigole d'évacuation, les petits carreaux se prolongent vers un nouveau carrelage posé à l'intérieur de la maison. La couleur marron clair du gravier s'accorde bien avec celle du carrelage, tandis qu'elle contraste avec les deux parterres bordés de briques et la végétation poussant sur le gravier.

2 Peinture extérieure

Peinture sur métal de Nigel Fuller : une autre idée intéressante pour décorer les espaces restreints. Suspendue près des portes menant à la terrasse, l'œuvre est visible de l'intérieur et fait forte impression lorsque l'on sort.

3 Plantes sur gravier

Sur la partie gravillonnée adjacente à la terrasse, j'ai planté diverses vivaces et graminées, ainsi que des bulbes qui poussent tôt dans l'année, ce qui crée une mosaïque de couleurs changeant au fil des saisons. Associée à la couleur claire du carrelage et du gravier, la végétation confère au lieu une atmosphère claire et lumineuse.

4 Haie d'arbustes

Le jardin est bordé d'arbustes et d'arbres ligneux. On aperçoit ici un *Phormium tenax* 'Variegatum', devant un *Pittosporum tobira*. À gauche se trouve un *Catalpa bignonioides* 'Aurea' dont les feuilles jaunes contrastent avec le feuillage gris de l'eucalyptus.

Cottage gothique

En examinant le jardin d'un charmant cottage londonien de style gothique, j'ai pensé qu'un style un peu plus formel conviendrait mieux.

Conception du plan
La forme du jardin n'est pas très pratique, mais la configuration retenue réussit à l'optimiser, en créant des espaces de détente et un terrain de jeu pour les enfants.

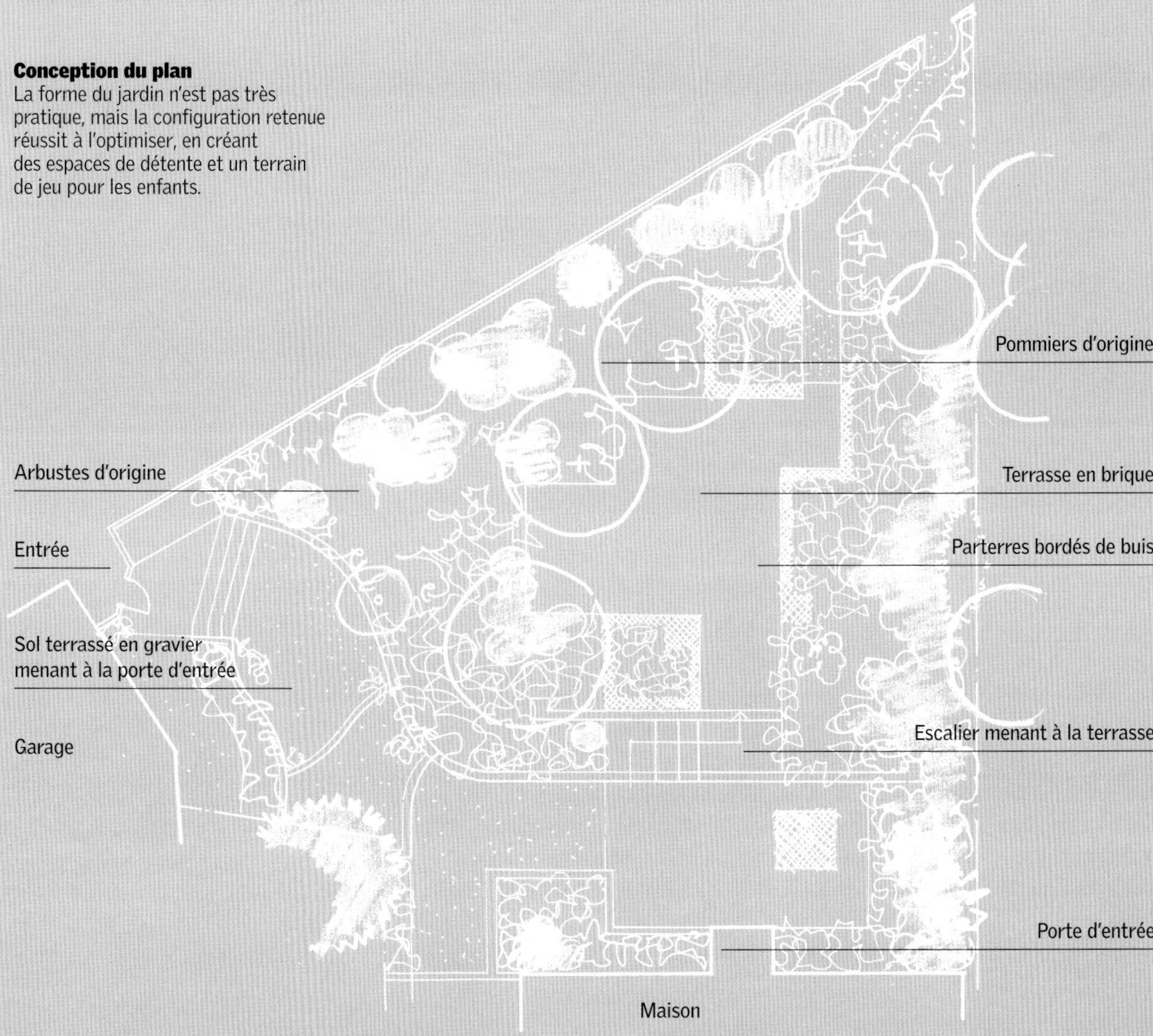

Plan

On accède au jardin par une porte située dans le mur près du garage. De la petite terrasse, qui offre une vue d'ensemble du jardin, le terrain gravillonné descend sur différents niveaux vers l'entrée de la maison. De l'autre côté, elle mène à la terrasse principale surélevée et ombragée par de vieux pommiers. Le propriétaire aimant beaucoup l'art topiaire, des buis ont été plantés en bordure des parterres centraux, tandis que d'autres, taillés en boule ou en pyramide sont disséminés dans le jardin et s'intègrent ainsi parfaitement à la configuration de celui-ci.

Une jarre à huile
(page suivante en haut)
Le propriétaire possédait une belle jarre à huile, maintenant bien mise en valeur dans le coin de la terrasse le plus éloigné de la maison.

Travaux en cours
(page suivante)
Durant le réaménagement, de nombreux sujets ont été déplantés et stockés dans des pots. Ici, les jardiniers sont en train de les replanter.

Travaux

Le site d'origine était en grande partie gazonné et descendait en pente vers la maison, formant ainsi une zone inférieure assez humide. J'ai réorganisé le terrain en plusieurs niveaux bordés de murets en brique (en veillant à ne pas abîmer les racines des arbres) et fait installer un système d'évacuation des eaux. Construire des marches partant en ligne droite de la maison me semblait trop simple, alors je les ai orientées dans différentes directions pour pouvoir y poser des pots ou s'asseoir sur le bord.

1 **Entrée principale**
Chemin composé de paliers gravillonnés menant à l'entrée de la maison. Pas loin de celle-ci, derrière une autre petite terrasse, se trouve également un petit coin facile à réaliser mais discret pour y ranger les poubelles.

2 **Petite terrasse**
Terrasse en gravier stabilisé qui fait écho aux marches gravillonnées la reliant à l'entrée de la maison. Les euphorbes et les alchémilles apprécient bien ce milieu et s'y reproduiront spontanément.

3 **Marches en brique**
Les marches qui mènent à la grande terrasse sont suffisamment larges pour y placer des pots. Elles sont séparées par de grands paliers qui tournent à chaque fois de 90 degrés.

4 **Grande terrasse**

Cette large terrasse est parfaite pour recevoir ses amis en plein air, mais on y trouve aussi un coin paisible plus intime propice à la contemplation. Les plantes d'origine et le mur du jardin forment un véritable écrin de verdure en pleine ville. De nombreuses plantes bordant la terrasse pourraient être semi-rustiques si elles n'étaient pas si bien abritées.

Jardin d'appartement

Ce petit jardin en forme de « L » entoure l'appartement en rez-de-chaussée d'une retraitée pas particulièrement intéressée par la nature et le jardinage. Dès lors, des plantes persistantes et un sol en dur me semblaient la meilleure solution pour limiter l'entretien, tout en proposant un peu d'intimité et un espace paisible pour se détendre de temps en temps.

Quelle que soit sa superficie, un jardin en forme de « L » offre toujours plusieurs points de vue et de nombreuses possibilités d'aménagement. Ici, le jardin se compose d'une partie située devant la porte d'entrée de l'appartement et d'une seconde, moins visible, idéale pour en faire un salon extérieur. Les deux branches du L sont visibles de l'intérieur de l'appartement, mais chacune possède un certain charme discret.

Banc (à droite)
Le banc a été placé à l'endroit le plus ensoleillé, devant une haie et un petit arbre qui protègent du regard des voisins.

1 Dallage
Allée de dalles en ciment préfabriqué traversant le jardin et sur laquelle on pourra installer des sièges. Le reste du sol est recouvert de gravier stabilisé et planté de diverses espèces de plantes appréciant les sols à drainage libre.

2 Plantes adultes
Une bonne partie de la végétation conserve son feuillage tout au long de l'année et atteint sa taille adulte au bout d'une dizaine d'années. Les pots sont réservés aux herbes aromatiques et apportent une touche de couleur.

3 Plantes structurantes
J'ai choisi des plantes structurantes à silhouette très sculpturale pour créer un contraste avec les lignes géométriques du bâtiment. L'arbre devant le mur est un néflier du Japon *(Eriobotyra japonica)*, qui ne donne quasiment pas de fruits dans ce climat trop froid.

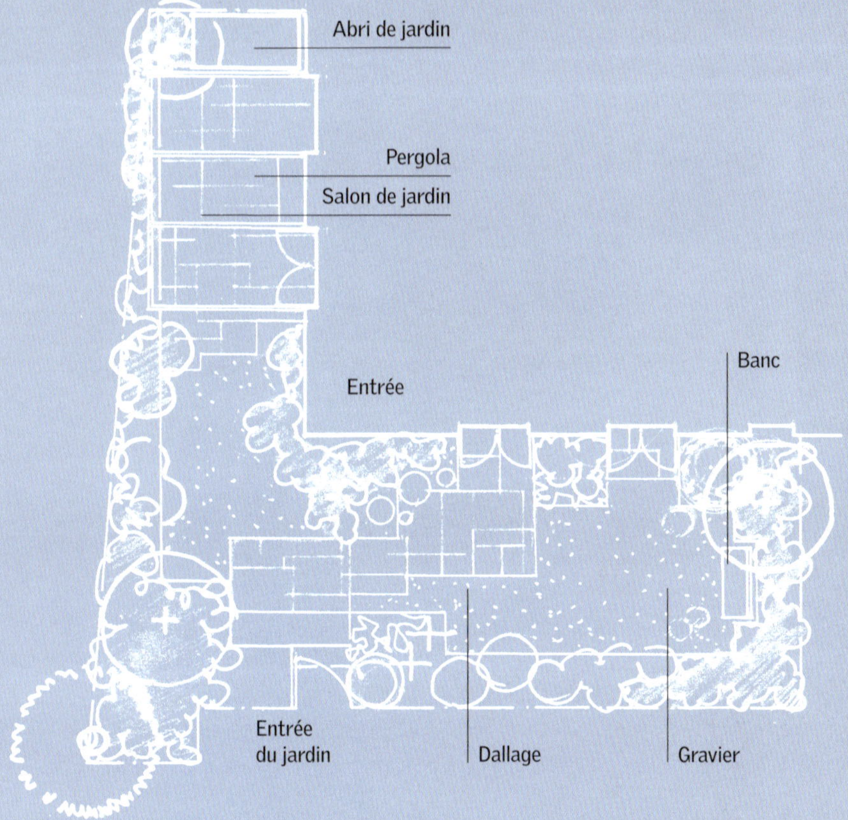

Conception du plan

Le jardin est parfaitement quadrillé. La plupart des éléments bâtis sont conçus sur la base d'un module, c'est-à-dire une unité de mesure qui permet de déterminer les distances entre les portes, les fenêtres et autres divisions spatiales. On peut déterminer ce module en mesurant sur les murs extérieurs la distance entre les ouvertures. L'intérêt est que le résultat obtenu vous permet de tracer un quadrillage qui servira de base très utile pour concevoir le plan d'un petit jardin. Ainsi, vous pourrez laisser jouer votre imagination dans le choix de la taille des éléments.

Notez que mon plan comporte une surface dallée, qui constitue un chemin direct entre la porte du jardin et celle de l'appartement. Cependant, l'agencement des dalles invite également à s'attarder et à flâner dans le jardin. Le sol gravillonné invite quant à lui à se rapprocher des plantes pour mieux les admirer, ou bien à s'asseoir sur un banc.

La campagne à la ville

Ce petit jardin champêtre se trouve juste derrière la cathédrale d'une ville du sud de l'Angleterre. Sa propriétaire, qui vivait auparavant à la campagne et possédait un grand jardin, a voulu retrouver en ville un style de jardin comparable dans lequel elle pourrait cultiver et soigner ses plantes (sa passion), même sur une surface plus réduite.

Style traditionnel (à gauche)
Dans les vieilles villes, les maisons ont souvent été construites en plusieurs fois, ce qui fait leur charme mais exige de trouver un style de jardin qui leur corresponde.

Superbe vue (à droite)
La superbe vue sur la cathédrale devra être conservée en entretenant régulièrement le jardin.

Le site

Lorsque j'ai visité ce jardin pour la première fois, il y a quelques années, la maison venait juste d'être agrandie. De la terrasse pavée de manière irrégulière, une marche d'environ 50 cm de large conduisait à une pelouse mal entretenue, ou devrais-je plutôt dire une véritable friche puisqu'elle avait servi de dépotoir au moment des travaux d'agrandissement. Le mur entourant le jardin était bordé de plates-bandes. La terrasse adjacente à la maison fut conservée car il était nécessaire de créer un espace ouvert où l'on pourrait installer du mobilier. Il était également important, visuellement parlant, de conserver une surface dégagée contrastant avec la spectaculaire profusion de plantes que la propriétaire envisageait de cultiver dans le reste du jardin. Sachant ceci, l'objectif fut de trouver une architecture de jardin qui intègre et contienne la grande quantité de plantes champêtres, sans la dominer, tout en se fondant dans son environnement. Plus la végétation est désordonnée et sauvage, plus il est nécessaire de l'inscrire dans une structure en dur et de l'associer à des plantes structurantes qui l'empêcheront de se transformer en jungle. En revanche, dans les petits jardins où le propriétaire souhaite effectuer d'autres activités que celle du jardinage, les plantes servent avant tout à adoucir les lignes géométriques des matériaux qui structurent le jardin.

Porte du jardin (en haut)
Lorsque le visiteur pénètre dans le jardin par cette porte, il est envahi par l'odeur des rosiers grimpants qui fleurissent en été et par les douces teintes grises et bleues des épiaires laineuses et de la lavande.

Plantes bourgeonnantes (en bas)
L'ensemble dépend de la manière dont les plantes retombent des pots ou des parterres et créent une atmosphère très désinvolte.

Configuration

Un seul des parterres d'origine a été conservé, ainsi qu'une partie d'un autre. La pelouse a été entièrement enlevée et remplacée par un mélange de gravier, de pierre et de brique. Celle-ci a notamment servi à construire la marche menant à la terrasse pavée, ainsi que les bordures des parterres et quelques autres divisions simples dans le reste du jardin. Une couche de gravier clair et lavé a été roulée dans une épaisseur de gravier non lavé de 5 cm servant de liant.

La texture de ce substrat contraste avec les plantes qui y poussent. Ce même sol gravillonné est également recouvert, par endroits, de vieilles dalles et briques de pavage aux couleurs assorties à celles du gravier et de la maison, qui forment un chemin à travers le jardin pour faciliter l'accès aux plantes ; leur forme géométrique contraste avec le style sauvage de la végétation.

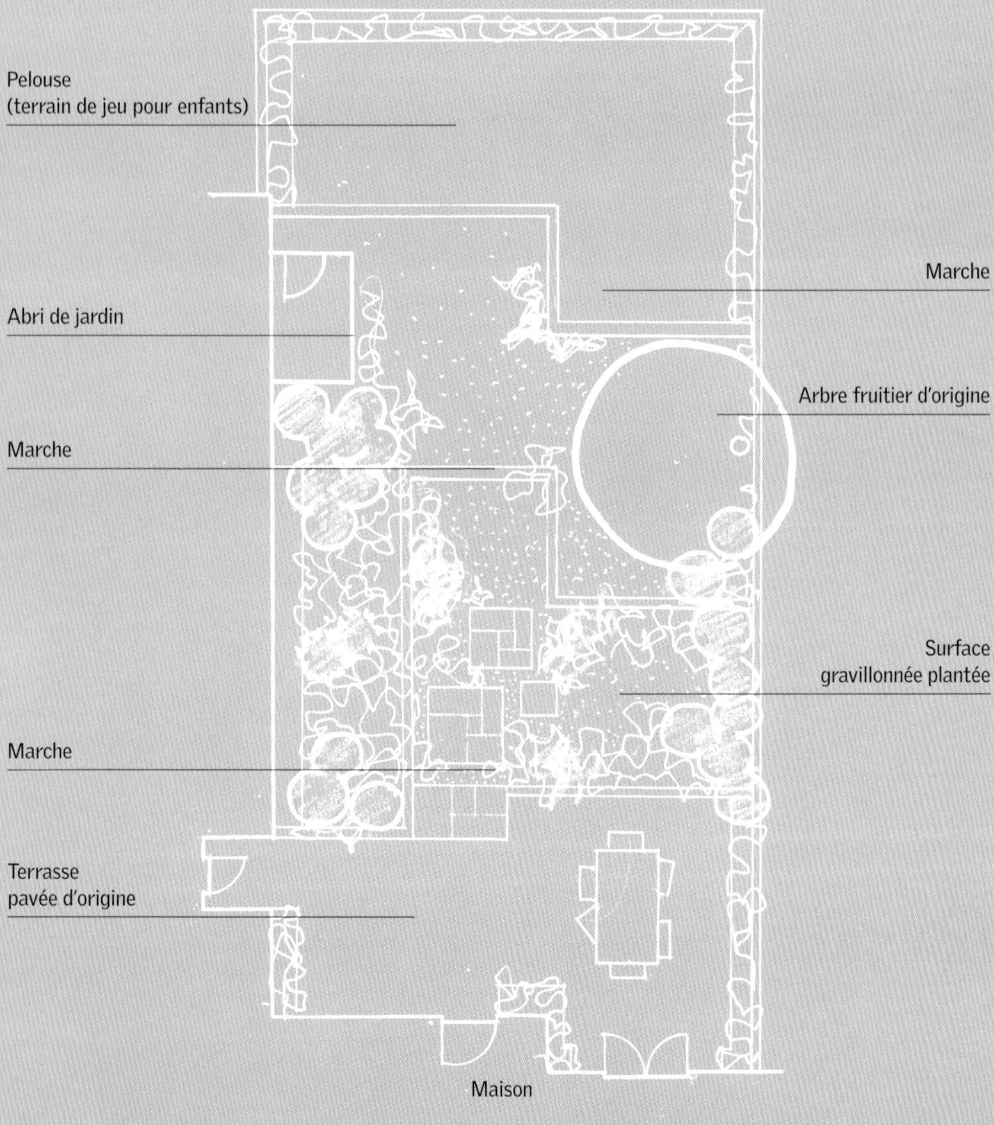

Végétation champêtre

L'abondance des plantes et leur agencement apparemment peu ordonné forment un ensemble ondoyant typique du jardin champêtre. Étant donné que l'entretien d'une telle diversité demande du temps, ce type de jardin est plutôt recommandé aux passionnés, comme c'est le cas ici. Mais ne vous-y trompez pas, l'harmonie et le calme du jardin résultent en réalité d'un agencement cohérent des groupes de fleurs : en effet, planter une espèce par-ci et une espèce par-là n'aurait fait naître que désordre et confusion. Les associations de couleurs ont été choisies avec beaucoup de soin. Les tons verts, gris et jaunes des feuillages apaisent l'éclat et la vivacité des couleurs de la floraison saisonnière.

Arbustes structurants

Les arbustes persistants tels que *Mahonia japonica* et *Viburnum* x *burkwoodii* (semi-persitant) structurent l'ensemble végétal et colorent le jardin en hiver. Leur feuillage vert foncé contraste avec le gris des *Senecio* 'Sunshine', des *Hebe pinguifolia* 'Pagei' et des *Lavandula angustifolia,* ainsi qu'avec le brun violacé des *Ajuga reptans* 'Burgundy Glow' et les tiges hivernales rouges des *Cornus alba.*

Arbustes feuillus

Les arbustes caducs, dont un seringat *(Philadelphus coronarius)* à feuilles ovales pointues et une variété panachée de *Cornus alba,* s'étoffent au moment de la floraison et modifient la configuration du jardin.

Parfums de jardin

Les parfums constituent l'un des principaux attraits du jardin champêtre. Ici les roses diffusent une douce odeur estivale qui accompagne le délicieux parfum des *Philadelphus coronarius*. À cela s'ajoutent des arômes de menthe des chats, de lavande, de mélisse et de marjolaine. Les fleurs de *Mahonia japonica,* dont l'odeur évoque celle du muguet, embaument le jardin de l'automne jusqu'au milieu du printemps. Les fragrances du jardin peuvent également être appréciées de l'intérieur de la maison grâce aux rosiers grimpants qui fleurissent autour des portes et des fenêtres et à la menthe des chats qui se trouve juste à côté. Attirés par cette profusion de fleurs colorées et parfumées, les papillons et les abeilles ajoutent par leur présence une touche très bucolique.

Assortiment de couleurs

Les plantes traditionnelles des jardins champêtres, roses incluses, poussent ensemble en massifs colorés minutieusement orchestrés. À gauche par exemple, la menthe des chats *(Nepeta x faassenii),* les giroflées *(Matthiola incana)* et les espèces d'ancolies *(Aquilegia)* forment un festival de superbes nuances de mauve, de rose et de blanc. Au milieu de tout cela, le feuillage persistant du *Bergenia cordifolia* donne de la force à l'ensemble et se pare de belles couleurs une fois les fleurs disparues. Ce bel agencement coloré trouve un écho dans le reste du jardin avec des rosiers roses *(Rosa* 'Comte de Chambord'), des rosiers blancs *(Rosa* 'Pearl Drift') et des variétés de valérianes *(Centrathus* sp).

Conception

Le secret d'un jardin réussi, tant sur le plan esthétique que fonctionnel, c'est de commencer par prendre un papier et un crayon pour en dessiner un plan précis.

Effet oblique (ci-contre) Tout le charme de cette terrasse-jardin en bois vient de son mur oblique.

Conception imaginative

Vous pensez que le travail de conception (d'un jardin ou de toute autre chose) est hors de votre portée et seulement réservé à ceux « qui s'y connaissent », c'est-à-dire à un vague groupe d'esthètes ? Détrompez-vous ! Chaque fois que vous décorez une étagère de bibelots ou que vous décidez de changer votre canapé de place, vous êtes influencés par les principes de base de l'architecture d'intérieur : des principes pratiques comme la facilité d'entretien ou l'emplacement de la source de lumière, mais aussi des principes esthétiques comme l'effet produit par la forme d'un objet, sa texture et sa couleur lorsqu'il est confronté aux autres éléments et surfaces

du décor. De la même manière que vous aménagez une pièce pour la rendre fonctionnelle et agréable à vivre, vous pouvez aménager un petit jardin, faire alterner une surface pavée avec un plan d'eau, une zone gravillonnée ou plantée. Une conception réussie vous procurera une grande satisfaction, car plus le lien entre les différents éléments du jardin et les alentours sera étroit, plus le jardin semblera grand. Les pages qui suivent présentent les principales techniques de conception et expliquent comment utiliser les couleurs, les formes et les effets spéciaux. Lorsque vous maîtriserez ces concepts et que vous aurez jeté un œil sur les exemples proposés, vous pourrez vous lancer dans la conception de votre propre jardin, quelle que soit sa superficie.

Équilibre parfait
L'équilibre entre le petit salon et la végétation est parfait. Les deux sont reliés par un magnifique mur-écran ornemental en bois.

Règles architecturales Conception très minimaliste et sobre composée de trois quarts d'architecture pour un quart de végétation, dans un lieu exigu.

Formes et textures Utilisation imaginative de dalles, de pierres, de traverses en bois, d'eau et de végétation pour un résultat très esthétique.

CONCEVOIR VOTRE ESPACE

Processus de conception

La conception du jardin se fait en plusieurs étapes : examen (du site et de vos envies), prise de mesures, dessin des plans, élaboration d'un modèle, transposition en éléments architecturaux et végétaux. Ce chapitre vous détaille toutes ces étapes à travers la conception d'un petit jardin urbain.

Examen du site

Commencez par observer votre terrain avec attention pour en définir les principales caractéristiques, puis notez les éventuels problèmes. Le site est-il ombragé par les bâtiments voisins, ou par un arbre ? Quelles sont les zones ensoleillées ? Y a-t-il des endroits disgracieux que vous souhaiteriez masquer ? Déterminez ensuite ce que vous souhaitez faire des lieux : aimez-vous jardiner et consacrer du temps aux plantes ou voulez-vous passer le moins de temps possible à l'entretien ? Envisagez-vous d'y inviter des amis ou avez-vous besoin d'un terrain de jeu pour les enfants ?

« Commencez par **observer** votre terrain avec attention pour en définir les principales caractéristiques. »

Future configuration (ci-dessous)
Laissez parler votre imagination et essayez de visualiser comment vous aimeriez voir votre jardin dans un ou deux ans.

Avant-projet de conception

Dans la mesure où deux côtés de la maison donnent sur le jardin, l'objectif était de créer un lieu fonctionnel et esthétique en toutes saisons. Protégé par un mur de 3 mètres de haut, c'est un jardin où il fait rapidement chaud, ce qui n'était pas du goût des propriétaires qui souhaitaient plutôt une jungle de verdure où il ferait frais. Bien sûr, les jungles ne poussent pas en une nuit, mais un an après la création du jardin, on s'en rapproche !

Relevé de mesures

Commencez par tracer les contours extérieurs du jardin et notez les mesures : la largeur du jardin, entre le mur de clôture et la maison, puis la longueur, sans oublier les endroits où le jardin se prolonge au-delà de la maison. Précisez également les dimensions des éléments permanents (arbres, cuve à fioul), la distance qui les sépare de la maison et de la clôture, ainsi que la hauteur des fenêtres et des portes, et la distance entre celles-ci. Pensez aussi à noter quelles sont les zones ombragées ou ensoleillées, selon le moment de la journée, et donc à repérer le nord et le sud.

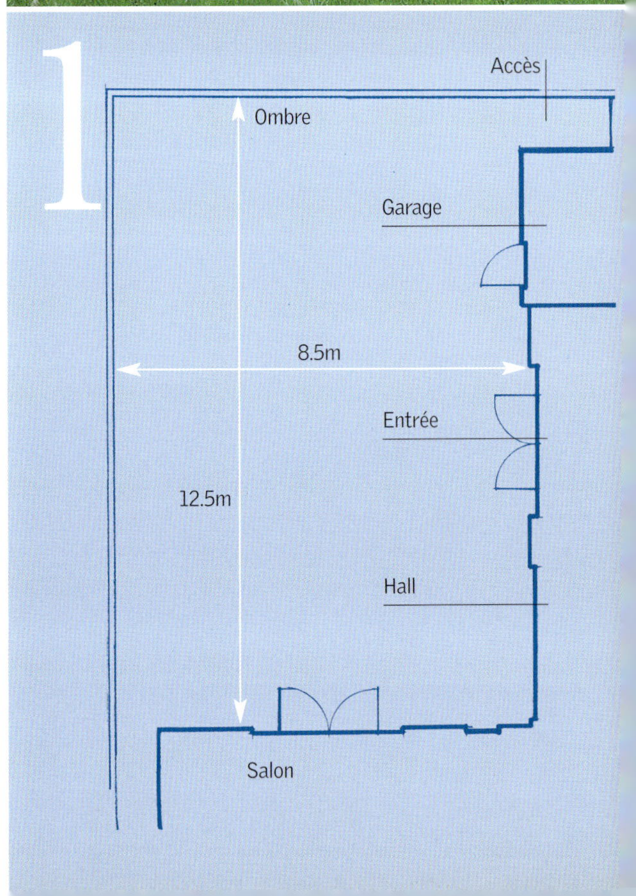

Décor quasi-vierge (en haut)
Le terrain n'avait pas bougé depuis sa construction. Il s'agissait d'une pelouse plate entourée d'un mur de 3 mètres de haut.

Dessiner le plan (ci-contre)
Reportez vos mesures, annotations et autres détails sur un simple croquis, puis tracez le plan à l'échelle avec le plus de précision possible.

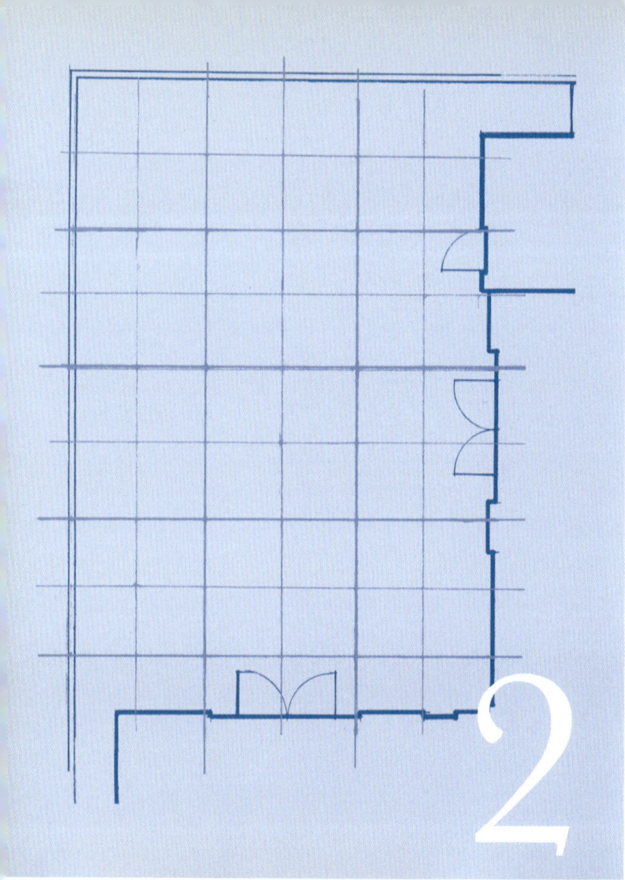

Dessiner le plan

L'étape suivante consiste à réaliser un plan précis à l'échelle 1/50 (1 cm sur votre plan correspondant à 50 cm en réalité) ou 1/25, selon la taille de votre papier. Utilisez les mesures que vous avez effectuées pour tracer les contours et l'emplacement exact de tous les éléments que vous souhaitez conserver (comme les marches ou les zones plantées). Vous irez plus vite en utilisant une règle graduée.

Quadrillage

Vous pouvez à présent tracer une grille qui vous permettra de bien proportionner les motifs choisis aux dimensions de la maison et du jardin. Posez une feuille de papier calque sur le plan précédent (le calque vous permettant de comparer plusieurs modèles), tracez des carrés dont la largeur du côté correspond à celle d'un élément permanent de la maison ou du jardin (largeur d'une porte ou d'une marche, hauteur d'une fenêtre, etc.). Dans notre exemple, c'est la largeur des deux portes-fenêtres qui a été prise en compte (environ 3 m). En prolongeant les lignes de ces portes, on obtient un carré central servant de base au quadrillage. Ce n'est pas grave si les carrés sont incomplets sur les bords du plan. Si vous divisez cette grille en deux dans les deux directions, vous obtenez une sorte de papier millimétré pour votre terrain.

Quadrillage (en haut)
Dessinez le quadrillage sur une feuille de papier calque libre afin de pouvoir superposer différents modèles par la suite.

Sous les pavés (ci-contre)
Dallage et pelouse avant les travaux. Ne sachant pas ce qui se trouvait en dessous, tout était à faire.

Élaborer un modèle

L'étape suivante consiste à créer un modèle de jardin à partir du quadrillage, en vous aidant de morceaux de carton que vous aurez découpés proportionnellement au carré de base de la grille, c'est-à-dire de la même taille, deux fois plus grands ou deux fois plus petits que le côté du carré. Arrangez les morceaux de carton dans différentes combinaisons, comme si vous essayiez de résoudre un casse-tête géométrique. Quel que soit le modèle obtenu, il sera forcément proportionné à la maison ou à la clôture. Dans notre exemple, il est proportionnel à la porte-fenêtre et donc à la salle à manger qui donne sur le jardin.

Par rapport à la maison, vous pouvez disposer les carrés de manière perpendiculaire ou oblique, ou bien mélanger les deux. Si vous souhaitez une configuration oblique (une bonne manière de casser l'aspect carré du jardin), tournez tous vos morceaux de carton

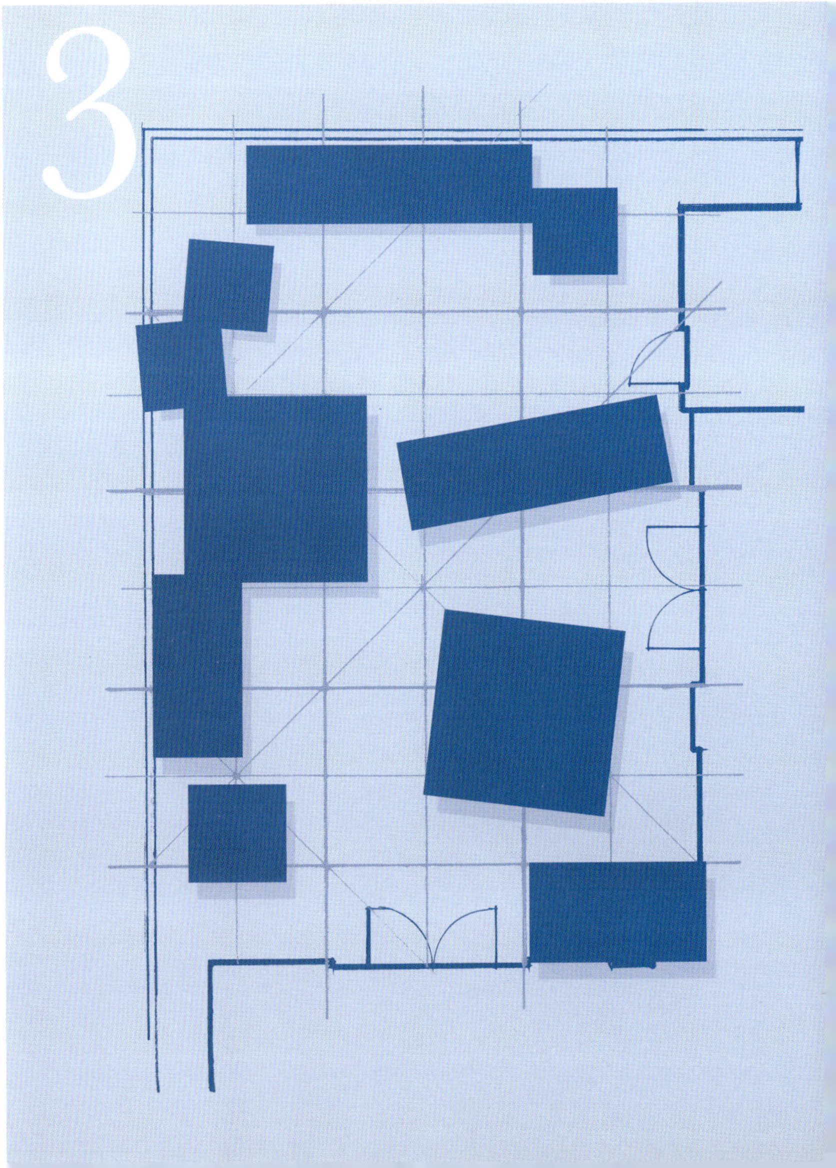

Méthode du casse-tête (ci-contre)
Le modèle est élaboré grâce à des morceaux de carton aux dimensions identiques ou proportionnelles aux cases de la grille. Essayez plusieurs combinaisons pour trouver un modèle qui vous convienne.

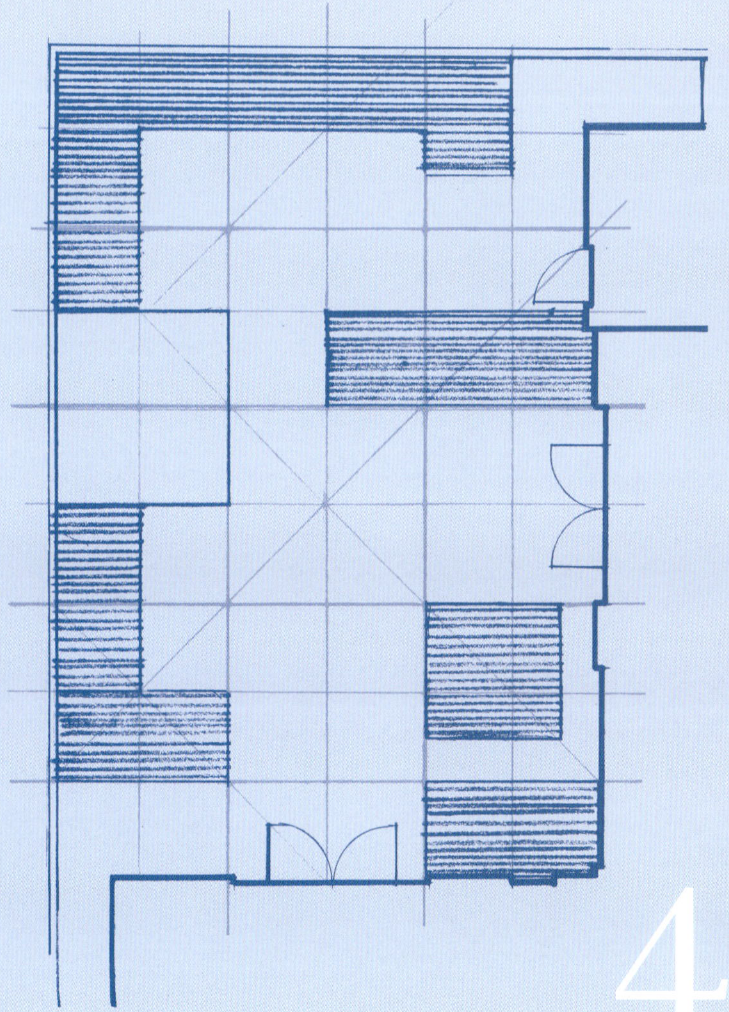

4

Travaux préliminaires (ci-dessus)
État du terrain une fois la pelouse enlevée.

Proportionnalité (ci-contre)
Arrangez les morceaux de carton en gardant en tête vos désirs et essayez d'imaginer ce que cela donnera concrètement, tant au niveau de l'harmonie entre les formes que de la manière dont vous les verrez de l'intérieur de la maison, au rez-de-chaussée comme à l'étage.

de 45 degrés. Dans un espace réduit, tout angle inférieur à 45 degrés ou supérieur à 90 degrés risque de créer des coins de formes irrégulières, dont les éléments (pavage, végétation, plan d'eau, etc.) seront difficiles à considérer à leur juste valeur. Certains pensent que les lignes droites sont trop austères et leur préfèrent les courbes ; pourtant, si les proportions sont cohérentes et si la végétation est bien répartie, ces lignes géométriques seront estompées par les plantes. Si vous souhaitez intégrer des structures courbes, remplacez les morceaux de carton carrés par des cercles de diamètre proportionnel au côté des carrés.

Lorsque l'on conçoit un jardin entouré d'un mur (ce qui est le cas de nombreux jardins de petite taille), on a souvent tendance à utiliser ce mur comme point de départ, en le bordant par exemple entièrement de plates-bandes ; or, cela ne fait que mettre en valeur les défauts du jardin. La méthode du quadrillage vous évitera cet écueil car les formes que vous créerez seront liées entre elles mais aussi à la maison.

De l'abstrait au concret

Lorsque vous aurez élaboré un modèle satisfaisant et aussi fonctionnel que vous le souhaitez, commencez à lui donner forme en définissant précisément quel aspect prendra chaque partie du jardin. Dans notre exemple, nous avons déjà évoqué la création de plates-bandes en bas des murs. Qu'en est-il du reste ? Quel sera l'élément central du jardin, que faire pour dissimuler la cuve de fioul, quelles zones paver, quels matériaux utiliser pour le dallage et pour les nouveaux murs de soutènement ?

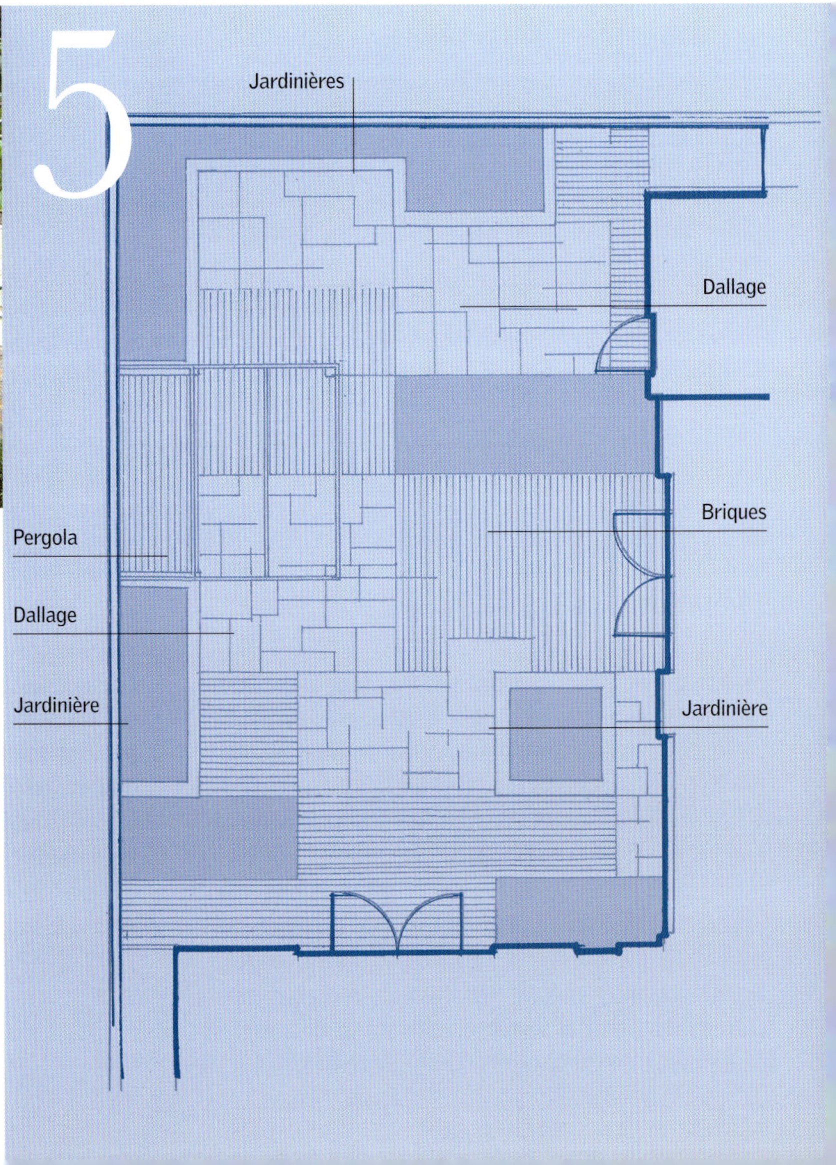

Évolution (ci-dessus)
Au fur et à mesure que votre plan se précise, vous commencez à vous approprier le jardin.

Plan détaillé (ci-contre)
Une fois que l'on a déterminé quelles surfaces seront pavées et quelles surfaces seront plantées, il faut s'attaquer aux détails. Une pergola procurera de l'ombre et servira d'élément décoratif avant d'être recouverte de plantes. Les jardinières en briques disposées le long des murs réduisent la hauteur de ceux-ci, tandis qu'un autre parterre pourra être placé devant la fenêtre du couloir et en face de la porte d'entrée. Le reste consiste en un ensemble de marches en briques entre lesquelles le sol sera pavé de pierres.

1 Jardinières en briques
Les jardinières en briques, assorties à celles du mur de clôture et de la maison, réduisent la hauteur de l'enceinte. Comme le mur, elles sont imperméabilisées et possèdent un système de drainage situé en dessous.

2 Pergola
Construite en bois tendre teinté et posé sur des poteaux métalliques ; ceux tournés vers l'extérieur sont surmontés d'un chapiteau décoratif. Des fils de fer seront tendus entre les poutres au fur et à mesure que les plantes grimpantes s'étaleront sur la pergola.

3 Dallage
Il s'agit d'un mélange de pierre d'origine indienne, moins onéreuse que la brique de York, et de brique de pavage. Le tout repose sur une couche de béton avec un système de drainage allant de la maison jusqu'aux plantes.

Végétation

À peine achevé, un plan comme celui-ci semble très austère, mais l'impression sera merveilleusement adoucie par l'introduction des plantes. Le style de la végétation, ses formes, ses couleurs et sa texture doivent s'harmoniser avec le style, les formes, les couleurs et les textures qui caractérisent l'architecture du jardin et l'intérieur des pièces qui lui sont attenantes.

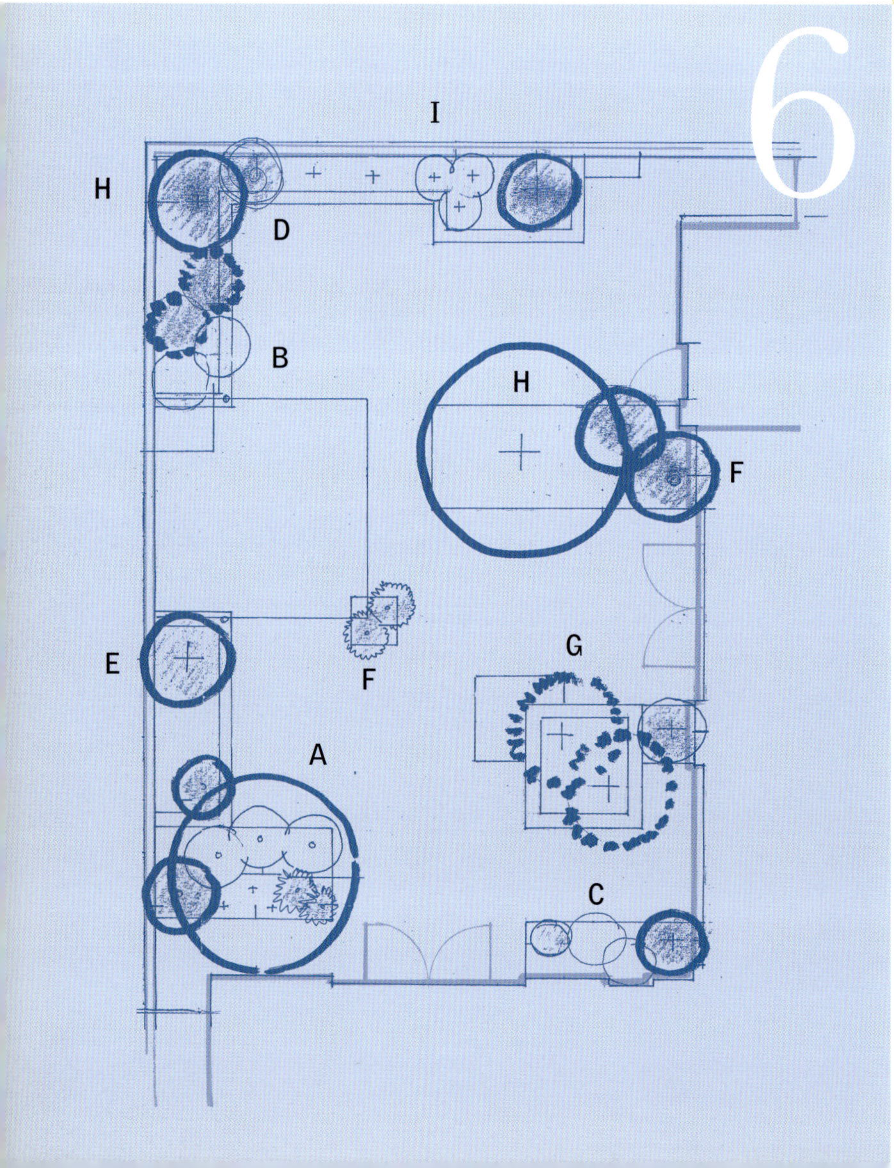

A *Iris pseudacorus*
B *Lonicera nitida* 'Baggesen's Gold'
C *Symphoricarpos orbiculatus* 'Foliis Variegatis'
D *Hypericum x inodorum* 'Ysella'
E *Chrysanthemum parthenium*
F *Digitalis grandiflora*
G *Melissa officinalis* 'Aurea'
H *Primula bulleyana*
I *Lysimachia nummularia*

Répartition des plantes (à gauche) Pour finir, élaborez un plan de plantation sommaire. Étant donné que ce jardin se situe dans le sud de l'Angleterre et qu'il est très abrité, on a opté pour un certain nombre de plantes semi-rustiques qui ne fleuriraient pas forcément un peu plus au nord.

1 Un an après
Un an après sa création, le jardin est presque achevé. J'avais l'intention de planter un arbre quelconque et d'orner le jardin de quelques sculptures, mais le buis taillé en petites boules remplit cette fonction à merveille.

2 Entretien des plates-bandes
Les plates-bandes fleurissent en abondance, ce qui en estompe les bords et créé un bel effet naturel. Un tel jardin devra être entretenu un minimum, en procédant notamment à une taille régulière au fur et à mesure que les plantes grandiront.

3 Vue de l'intérieur
Les palmiers nains embellissent la vue depuis la fenêtre du couloir. L'impression que dégage ce genre de jardin est aussi importante de l'intérieur de la maison qu'au milieu du jardin lui-même.

ÉLÉMENTS À PRENDRE EN COMPTE

Couleur

Tout comme les sons et les odeurs, les couleurs ont le pouvoir de créer une ambiance. Même si vous n'avez pas besoin de savoir avec exactitude quelles couleurs vous souhaitez mettre en valeur lorsque vous élaborez votre plan, vous devriez tout de même réfléchir à l'atmosphère générale de votre jardin et à la manière dont vous pouvez exprimer celle-ci par la couleur. Cette ambiance sera suggérée par l'emplacement du terrain, son orientation (ensoleillée ou ombragée), les matériaux utilisés, sa fonction et le style des pièces qui ouvrent sur l'extérieur.

« Comme les sons et les odeurs, les couleurs ont le pouvoir de créer une ambiance. »

Impact de la couleur

Certaines couleurs sont reposantes et calmantes, d'autres plus vives et stimulantes. Choisissez celles que vous aimez et qui soulignent l'ambiance de votre jardin. Une petite terrasse ensoleillée avec un jacuzzi est, par exemple, un lieu de vie qui sera mieux adapté à l'utilisation de tons vifs bleus et jaunes, plutôt qu'à des mauves ou gris plus fades. En revanche, un paisible jardin champêtre sera dénaturé par trop de teintes rouges ou orange et préfèrera des couleurs apaisantes comme le blanc, le crème ou encore des bleus, des roses et des verts pastel.

Créer une harmonie de couleurs

Dans un petit jardin, il est relativement important que les couleurs soient toutes en parfaite harmonie car les éléments du jardin (murs, dallage, mobilier et végétation), sont très rapprochés et donc considérés comme un tout, qui inclut même certainement les couleurs de l'intérieur. Sélectionnez les teintes du jardin comme vous le feriez pour une pièce de la maison et établissez un lien entre intérieur et extérieur.

Choisissez les plantes sur un catalogue, ou mieux, en vous rendant dans une jardinerie ou une pépinière avec des échantillons de couleurs souhaitées.

Impact de la lumière

La lumière modifiant la qualité de la couleur, pensez aux différents aspects que prendront les teintes que vous choisissez selon le moment de la journée. Les tons pâles sont particulièrement doux le matin et le soir mais peuvent sembler délavés en plein soleil ou à midi. À l'inverse, les couleurs vives qui accrochent le soleil de midi peuvent apparaître trop crues à l'aube ou au crépuscule. Testez les différents effets en plaçant des morceaux de papier coloré à divers endroits ensoleillés ou ombragés, ainsi qu'à différentes heures de la journée. Essayez aussi de visualiser comment les nuances que vous avez retenues apparaîtront au fil des saisons, par exemple au milieu des teintes printanières, claires et fraîches, ou des teintes automnales, plus riches et chaleureuses.

Rose vif (en haut à gauche)
Le mur rose fuchsia délimite la terrasse et lui donne assurément plus d'éclat en hiver.

Couleur de saison (ci-dessus)
Choisissez vos plantes avec soin afin d'être sûr qu'elles se parent de la couleur souhaitée au moment de la floraison.

Texture colorée (en bas à gauche)
Vous pouvez donner de la couleur aux clôtures ou au sol avec des teintes qui en feront ressortir le grain.

Aspect moiré (ci-dessous)
Les couleurs douces des éléments du mur situé au bord du bassin mettent en valeur les ombres dessinées par les plantes.

Structure et motifs

Le style du jardin est déterminé par la structure de votre plan et les motifs qu'elle forme. Les possibilités sont infinies et vont de la conception très symétrique qui donne au jardin un aspect géométrique classique, aux arrangements asymétriques abstraits et modernes. Chacune de ces conceptions convient à différentes situations.

« Vous pouvez agencer les formes de manière à créer une impression de mouvement ou d'immobilité. »

Courbes (à gauche)
Dessinez des courbes généreuses ; si elles ne s'intègrent pas dans votre jardin, c'est qu'il ne s'agit pas du motif le mieux adapté.

Angles droits (ci-dessus)
Les murs de la maison et les limites du jardin suggèrent souvent des motifs perpendiculaires, comme ici, sous la forme d'un ruisseau.

Abstraction mais linéaire (à droite)
Une conception géométrique, avec une structure abstraite (bien que linéaire) à base de massifs rectangulaires, de surfaces gravillonnées et d'un cheminement en bois.

Structure d'un petit jardin

En ville, de nombreux jardins sont plus souvent délimités par des immeubles perpendiculaires les uns aux autres que par des champs et des arbres aux lignes fluides ; une configuration géométrique est donc généralement la plus adaptée. Néanmoins, on peut très bien y intégrer des formes rondes, courbées et incurvées : il suffit de les inscrire dans un plan quadrillé à angles droits (voir la conception du quadrillage page 98).

Dans un jardin de petite taille, il vaut mieux s'en tenir à un seul type de forme plutôt que de combiner des droites et des courbes, car généralement, les limites du terrain ne vous permettront pas de les harmoniser avec succès.

Vous pouvez agencer les formes de manière à créer une impression de mouvement ou d'immobilité. La sensation de mouvement est créée par les formes et les motifs linéaires qui guident le regard à travers le jardin ou par les courbes qui conduisent le regard sur un élément précis, par exemple une statue ou quelque chose d'extérieur au jardin, comme un arbre chez le voisin. La sensation d'immobilité est créée par des formes statiques qui retiennent le regard dans le jardin. De tels jardins sont souvent plus reposants et mieux adaptés aux terrains clos qui ne contiennent pas de repère visuel particulier.

Harmonie de carrés (en haut)
Cette terrasse est ornée d'un motif régulier que l'on retrouve jusque dans la forme des chaises longues.

Douceur des courbes (ci-contre)
Construits en pierre naturelle, ces murets joliment incurvés créent une ambiance relaxante.

1 Harmonie des matériaux
Dans un espace trop petit, les courbes sembleront peu naturelles et forcées. Mais puisque l'on peut objecter qu'un petit jardin ne se constitue justement que de cela, pourquoi ne pas jouer avec les courbes ? Ici, les différents matériaux utilisés créent un intérêt visuel : la terrasse en bois, le dallage et le plan d'eau sont juxtaposés sur plusieurs niveaux pour créer des « compartiments ».

2 Végétation saisissante
Vus du dessus, les feuillages aux formes sculpturales sont du plus bel effet. Si le jardin est exposé au vent, préférez les espèces à petites feuilles pour éviter qu'elles ne soient arrachées.

3 Mobilier discret
Les bancs intégrés permettent d'économiser de la place. Remarquez ici le dossier incurvé en bois qui se prolonge au premier plan en une bordure plantée.

Structure en trois dimensions

Les structures en deux dimensions s'animent lorsque l'on décide de la hauteur des formes les unes par rapport aux autres et que l'on choisit les matériaux qui « rempliront » les espaces ainsi créés par cette troisième dimension. Donner de la hauteur à certaines formes mettra aussitôt d'autres éléments en valeur, mais pensez aussi à donner de la profondeur, par exemple en construisant un bassin ou un salon de jardin à un niveau inférieur.

Matériaux

Les matériaux que vous choisirez pour « remplir » ces formes contribueront aussi à forger le caractère du jardin. Vous avez le choix entre les matériaux durs ou tendres, rugueux ou lisses, clairs ou foncés, mats ou brillants, entre la brique, le béton, le gazon, le gravier, le bois ou encore l'eau.

Jardinière surélevée (à gauche) L'ajout de hauteur vous permet de faire de la place et de créer du volume, tout en jouant sur les proportions entre surfaces occupées et surfaces vides.

Géométrie arrondie (ci-dessus) Configuration géométrique composée de formes arrondies, mise en valeur par une haie incurvée et des buis taillés en boule.

Effets spéciaux

On ne compte plus le nombre de techniques et d'astuces qui vous permettent de décorer votre jardin en lui apportant un agréable côté théâtral ou original : peinture, treillages, miroirs ou éléments naturels tels que les jeux d'ombres et de lumière s'adaptent bien aux environnements créés par l'homme et sont autant de moyens pour embellir les endroits peu propices à la culture de plantes. Pensez également aux procédés qui permettent de créer une fausse impression d'espace.

Obélisque miroir (ci-dessous) Utilisation originale de miroirs qui, ici, doublent la quantité de fleurs. Cependant, le recours aux miroirs implique un nettoyage régulier, surtout lorsque l'on sait que les déjections d'oiseaux peuvent rapidement gâcher l'effet recherché.

Trompe-l'œil

Pionniers dans l'art du trompe-l'œil, les Italiens de la Renaissance peignaient sur les murs intérieurs ou extérieurs de leurs demeures de splendides paysages urbains ou ruraux qui semblaient plus vrais que nature. Aujourd'hui, de telles fresques colorées et animées donnent souvent vie au paysage urbain ; elles représentent aussi bien des scènes pittoresques de marché que des fenêtres fleuries, des palmiers ou des motifs abstraits de couleurs vives.

Les trompe-l'œil et autres fresques murales sont tout aussi efficaces sur de petites surfaces. Pourquoi ne pas peindre une porte pour suggérer la présence d'un jardin de l'autre côté d'une clôture, ou bien une fenêtre ornée d'un bac à fleurs (celui-ci pouvant par ailleurs être réel), ou encore des plantes et des arbres, soit pour compenser l'absence de végétation, soit pour « épaissir » celle qui existe déjà ? Si vous ne profitez de votre jardin que le soir, vous obtiendrez une belle ambiance nocturne en peignant les murs en bleu nuit et en les parsemant de fleurs blanches et de feuilles argentées (réelles ou peintes). L'effet sera encore plus spectaculaire si vous rajoutez une lumière subtile.

Peignez les murs du jardin avec de la peinture pour extérieur. Vous obtiendrez des effets différents selon le type de finition choisie : finition mate ou coquille d'œuf, pochoirs ou peinture pulvérisée pour créer des motifs accrochant le regard. N'hésitez pas à être audacieux, car toute erreur sera facilement réparée par l'application d'une nouvelle couche.

Petit air de Toscane (ci-contre) Cette peinture représentant des collines italiennes s'intègre bien dans cette porte de style classique. Plus un souvenir qu'un trompe-l'œil, tout autre paysage ferait l'affaire.

Ombres

Lorsque la lumière naturelle est forte, placez les plantes et les éléments décoratifs là où ils projetteront les plus belles ombres sur les surfaces alentour. Les poutres horizontales d'une pergola peuvent, par exemple, être orientées de façon à ce que les rayons du soleil passent au travers et créent des rayures géométriques sur le sol, tandis que certaines plantes aux formes sculpturales, comme par exemple *Euphorbia characias wulfenii,* projetteront de très belles ombres si elles sont placées devant un mur uni.

Si la lumière est trop faible pour créer de telles ombres, pourquoi ne pas en peindre sur les surfaces alentour en utilisant plusieurs nuances d'une même couleur pour imiter les différences d'intensité de l'ombre, sachant que plus le soleil est fort, plus l'ombre est foncée ?

Clôture et feuillage (p. 120, en haut)
L'ombre des bambous oscille entre les interstices horizontaux de la clôture.

Effet grillagé (p. 120, en bas)
L'architecte australien Jack Merlo a installé une grille aux motifs subtils pour projeter une magnifique ombre sur le mur de ce jardin de démonstration.

Bambous (ci-dessus)
Le bambou forme un toit léger qui protège du soleil tout en projetant de belles ombres sur le sol.

Porte (ci-dessus à droite)
L'ombre fait partie intégrante de cette composition et suggère un intérieur paisible.

« Placez les **éléments décoratifs** là où ils projetteront les **plus belles ombres.** »

Miroirs

Les reflets dans le verre et l'eau créent une sensation d'espace. Placés de manière stratégique pour refléter les éléments du jardin, les miroirs peuvent en doubler la surface visuelle, voire même créer une impression d'infini. De grands miroirs sont également un bon moyen d'éclairer les zones sombres que sont les accès en sous-sol ou les passages entre deux immeubles.

Utilisez des miroirs d'au moins 6 mm d'épaisseur et préparez-les aux conditions extérieures en recouvrant leur dos de papier aluminium et en les montant sur des cadres en bois. Vérifiez l'étanchéité des bords pour éviter la pénétration de l'humidité. Veillez à ce qu'ils ne réfléchissent pas les rayons du soleil, cela ferait brûler les plantes. Enfin, n'oubliez pas qu'ils doivent être impeccables pour obtenir l'effet recherché.

Les miroirs peuvent également servir à attirer le regard sur un élément précis du jardin, par exemple une statue ou un ensemble de plantes taillées en topiaire. Par ailleurs, ils créent une atmosphère toute particulière dans les coins très sombres en réfléchissant le peu de lumière qui y parvient.

Plan d'eau

Même peu profond, un petit plan d'eau donnera l'illusion d'un jardin plus grand. Recouvrez le fond du bassin d'un revêtement absorbant la lumière, comme par exemple le plastique noir, et vous obtiendrez des reflets comparables à ceux d'un miroir, avec l'impression que le bassin est très profond. Un revêtement réfléchissant de type miroir permettra aux éléments surplombant le plan d'eau (sculptures ou plantes) de s'y refléter tout en augmentant la luminosité du jardin. Enfin, un miroir placé le long du bassin pour réverbérer les reflets de l'eau renforcera le plaisir des yeux et l'impression d'espace.

Miroir et treillage (ci-dessus)
Même de taille modeste, un miroir, ici intégré à un treillage, transformera un minuscule espace en un lieu plus grand et plus lumineux.

Matériaux réfléchissants (p. 123, en haut)
Le dossier et la partie inférieure de ce banc sont réfléchissants, ce qui donne l'impression d'un espace plus grand.

Miroir d'eau (ci-contre)
Dans ce petit jardin, ce bassin au fond recouvert d'un revêtement noir se transforme en un véritable miroir qui réfléchit la lumière.

EXEMPLES

SOUS-SOLS

Aujourd'hui, les grandes maisons urbaines étant de plus en plus souvent divisées en appartements, les sous-sols sont plus fréquemment habités. Ceux-ci n'offrent généralement qu'une vue sur un étroit passage ou sur une petite arrière-cour entourée d'immeubles, donc sombre et humide. Cependant, il existe de nombreuses façons de rendre ces espaces fonctionnels et vivables.

Atmosphère campagnarde (ci-contre) Un ensemble de pots de fleurs en guise d'accueil et quelques objets trouvés ça et là créent un petit coin de campagne agréable et reposant.

Classicisme urbain (ci-dessous) Un arbre à silhouette fine mais esthétique et un palmier en pot trouvent parfaitement leur place dans ce petit coin de ville.

Préparer le terrain

Les sous-sols étant souvent humides, il est nécessaire d'installer un système de drainage le long des murs extérieurs, afin d'empêcher l'humidité de s'infiltrer. Dans la mesure du possible, prévoyez des canalisations pour l'évacuation des eaux de pluie. En revanche, si le sous-sol est imperméable, il faudra vous équiper d'un système d'arrosage efficace pour pouvoir jardiner. Avant de planter quoi que ce soit, déblayez un mètre de terre et recouvrez le sol d'une couche de pierres (ou tout autre matériau d'empierrement), puis d'une épaisseur de compost dans laquelle les plantes pousseront.

Aménagement des structures

Vous pouvez complètement transformer un sous-sol en construisant une série de niveaux légèrement surélevés. En les superposant, vous créerez une impression de mouvement qui empêchera le regard de s'attarder sur les murs des immeubles alentour ou d'essayer de s'échapper à l'extérieur. Ces légères différences de niveau peuvent également être du plus bel effet dans les entrées de sous-sols situés en dessous du niveau de la rue (voir page 128).

La couleur est évidemment une méthode efficace pour égayer et éclairer un endroit sombre. Peignez les murs, éventuellement en trompe-l'œil, ou testez l'utilisation de miroirs pour augmenter l'intérêt visuel et la taille apparente des lieux.

Repères visuels

Afin de réduire l'impression de domination des bâtiments alentour, installez un élément décoratif qui attire le regard. Qu'il s'agisse d'un meuble, d'une plante ou d'une sculpture, il doit être suffisamment grand par rapport à la taille du jardin car un élément trop petit passerait inaperçu et ne retiendrait pas le regard.

Végétation colorée

La meilleure façon d'égayer une cour est de choisir des plantes aux couleurs assorties, par exemples des tons clairs argentés et dorés. Mais vous pouvez aussi mettre l'accent sur la forme et la texture du feuillage. Attention au choix des plantes que vous souhaitez placer au pied de murs élevés car elles auront tendance à se courber à la recherche de la lumière.

« ... un élément décoratif qui attire le regard. »

Plantes (à gauche)
Les plantes très sculpturales poussent généralement bien dans les zones peu éclairées et forment un beau contraste avec l'architecture environnante.

Fleurs de saison (ci-dessous)
Les plantes arbustives et annuelles (bulbes, par exemple) égayeront vos printemps. Une série de pots de narcisses formera un excellent décor saisonnier.

Meilleur potentiel de croissance (ci-contre en bas) En haut de cet escalier, les plantes bénéficient plus du soleil et de la lumière que dans le reste de la cour.

Aménager une cour

Il s'agit ici d'une cour pavée sur laquelle s'ouvre le sous-sol de la maison. Située sous le niveau de la rue, on y accède par un escalier plutôt raide.

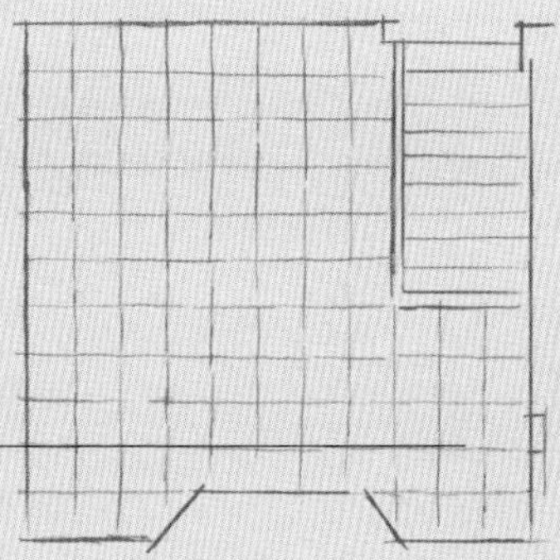

Première solution

L'escalier est supprimé et remplacé par plusieurs paliers créant un dénivelé progressif entre la rue et la cour. L'agencement des différentes parties (paliers, zone réservée aux poubelles, surfaces plantées et surfaces pavées) crée un fort ancrage visuel qui empêche le regard de s'attarder sur les murs alentour ou sur la rue. Le regard est également attiré par une grande sculpture au milieu de la cour, tandis que la végétation fait écho au reste de la configuration.

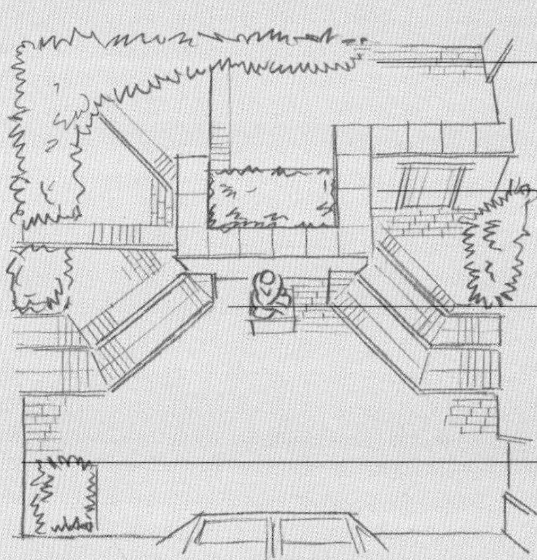

Seconde solution

Dans les petits jardins, il est souvent difficile de trouver un coin pour les poubelles. Ici, un mur intégré dans l'architecture du jardin sert d'axe autour duquel s'articulent les paliers pavés, tout en procurant un peu d'intimité à la zone située devant la maison.

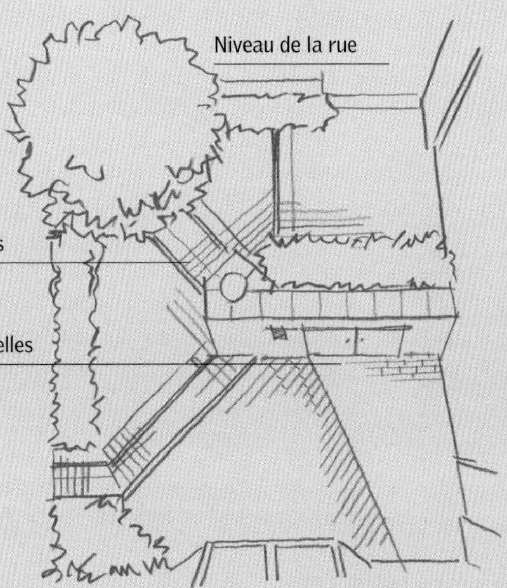

Lignes nettes On accède à cette cour profonde par un escalier métallique, donc antidérapant. L'ordonnancement régulier des nombreux petits carreaux de carrelage évite de créer un aspect fouillis.

Espaces exigus

Les allées étroites et les entrées latérales sont souvent mal éclairées, exposées aux courants d'air et généralement peu engageantes. La plupart du temps, on finit par y entreposer les poubelles et tout un bric-à-brac d'objets divers. Pourtant, il suffit de modifier un peu les lieux et de les habiller de verdure pour en faire un espace agréable à traverser et à regarder, depuis la maison comme depuis la rue.

« Le **mouvement** du regard peut être **exploité** de manière **positive.** »

Dallage (à gauche)
Quelques dalles et un assortiment de pots de fleurs embellissent ce type de recoin habituellement lugubre.

Effet pictural (à droite)
La richesse des motifs du carrelage est digne d'une tapisserie, sentiment renforcé par la présence des plantes en pots.

Solutions architecturales

Dans les passages longs et étroits, l'œil est souvent attiré par le fond de ceux-ci, souvent constitué d'une clôture tenant à peine debout ou d'un vieux bâtiment délabré. Cependant, ce mouvement du regard peut être exploité de manière positive en l'attirant sur un élément plus accrocheur, comme par exemple une sculpture, un grand vase posé sur une pierre ou une peinture en trompe-l'œil à l'entrée du passage.

On peut aussi augmenter l'impression de largeur en utilisant des objets ou des matériaux qui guideront le regard de gauche à droite, comme par exemple des jardinières posées dans le sens de la largeur ou des séries de dalles coupant un chemin gravillonné, également dans le sens de la largeur.

Murs-écrans et pergolas

Le mouvement du regard peut aussi être interrompu par un cadre installé dans la largeur du passage : il pourra être vitré pour permettre de voir le reste de l'allée à travers lui, ou bien garni d'une peinture sur bois qui cachera la laideur du passage. Dans les deux cas, il protégera des courants d'air.

Les murs d'immeuble ou de clôture qui bordent un passage créent une désagréable sensation de gouffre, que vous réduirez en installant une pergola. Orientez les poutres dans la largeur de l'allée (voir le chapitre sur les pergolas, page 186) et si vous le souhaitez, suspendez-y des paniers. Des murs-écrans en brique, en béton ou en bois s'arc-boutant sur les murs latéraux réduiront également cette impression et pourront être dissimulés par des plantes grimpantes.

Paradis de fougères (p.132, à gauche)
Les poutres suspendues assombrissent légèrement l'allée, mais les zones ombragées sont idéales pour les fougères.

Élément central (p.132, à droite)
Le tronc d'un arbre adulte (ici mis en valeur par une sculpture) attire toujours le regard.

Jardinières décalées (ci-contre)
aux lignes épurées qui font de ce petit coin un jardin à part entière.

Simplicité (ci-dessus)
Planté en pot, le bambou à petites feuilles structure l'espace et illumine la maison.

Mélange de textures (ci-contre)
La dureté des grandes dalles de pierre est adoucie par la délicatesse des plantes qui les bordent.

Habillage végétal

Une fois que vous aurez restructuré l'architecture de votre jardin, il ne vous restera plus qu'à y agencer des plantes afin d'en adoucir les lignes géométriques. Les bacs à fleurs et autres jardinières sont indispensables car la plupart des plantes y poussent facilement, ce qui vous évitera d'avoir à rendre le sol fertile. Les zones ombragées ou en plein courant d'air ne favorisent pas la croissance des plantes et vous devrez peut-être opter pour des plantes très rustiques. Pour avoir de la verdure toute l'année, plantez un arbuste persistant, par exemple une espèce de *Pyracantha* (qui tolère bien l'ombre) ou de *Fatsia japonica* (mi-ombre). Pensez aux plantes grimpantes pour réduire la largeur des murs. *Parthenocissus* ssp. supporte les courants d'air et la mi-ombre, tandis que *Hedera* ssp. tolère l'ombre totale.

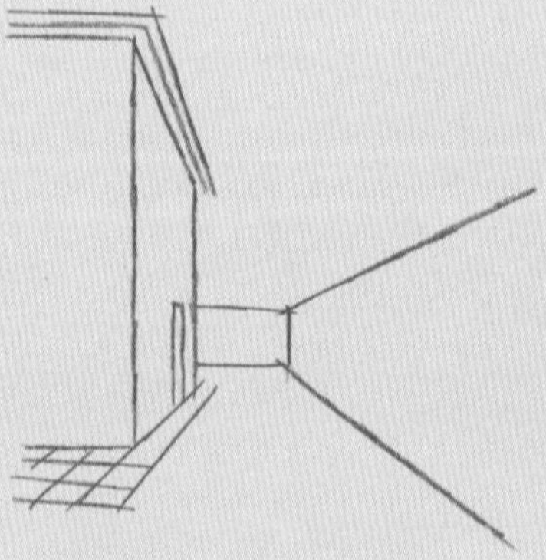

Aménager un espace exigu

Voici trois propositions pour transformer cette entrée latérale peu accueillante. À l'origine, le regard était attiré par le mur de droite, tandis que le vent s'engouffrait dans le passage et formait un courant d'air.

Première solution

Trois jardinières en briques placées en travers du passage guident le regard de gauche à droite et créent une sensation de mouvement faisant oublier la longueur et l'étroitesse du passage. Les arbustes persistants sont une manière efficace de protéger du vent.

Deuxième solution

Ce mur vitré protège du vent sans gêner le passage de la lumière (si vous souhaitez complètement cacher la vue, remplacez les vitres par des panneaux de bois clair). De l'autre côté de la vitre, les murs en briques peints reprennent les dimensions des panneaux et la forme en « T » du dallage crée une sensation de largeur bienvenue.

Troisième solution

L'utilisation de trois dallages différents atténue l'étroitesse de l'allée et crée une impression de largeur. Les dalles en briques conduisent le regard vers le gravier au premier-plan et vers la pelouse à l'arrière-plan.

Escaliers

Souvent, les escaliers ne sont pas considérés comme un élément à part entière du jardin. Ils sont pourtant bien utiles dans les petits jardins de ville, car ils peuvent servir de support à la culture de plantes (en pots sur les marches ou plantées de chaque côté). Par ailleurs, l'escalier peut être décoré de façon à créer un lien avec la maison et son intérieur.

« Un escalier tournant ajoute une sensation de mouvement. »

Courbe élégante (à gauche)
Cet escalier suit harmonieusement la forme de la fenêtre en saillie.

Escalier de campagne
(ci-contre)
Le mélange de pierre et de brique donne un petit air de campagne.

Assortiment de pots
(ci-dessous)
Les marches de cet escalier sont suffisamment larges pour pouvoir y poser des pots de fleurs.

Habiller un escalier

Les réparations de structure (remplacement de briques abîmées ou de dalles cassées) ont l'avantage d'embellir l'escalier tout en le sécurisant. Il en va de même pour l'attention portée aux détails, comme par exemple la mise en place d'une belle rampe ou d'un système d'éclairage.

Un nouvel escalier doit s'intégrer dans l'architecture alentour : utilisez des matériaux identiques ou similaires à ceux des murs et essayez de faire écho aux éléments déjà existants. Ainsi, un escalier légèrement incurvé mettra en valeur une porte ou une fenêtre arrondie.

Un escalier se finissant sur un retour en L semblera plus large et vous pourrez y poser des pots de fleurs ou des sculptures sans gêner l'accès. Un escalier tournant ajoute une sensation de mouvement et l'espace situé en dessous peut servir de placard de rangement.

Les plantes

Les plantes disposées le long des marches doivent présenter des formes sculpturales audacieuses qui compenseront celles de l'escalier, beaucoup plus géométriques. Les arbustes persistants sont parfaits car leurs formes embelliront le jardin toute l'année. Les rampes et les murs adjacents peuvent être revêtus de plantes grimpantes et les marches ornées de plantes annuelles (attention à ne pas gêner le passage). Si vous vivez au bord d'une route fréquentée, choisissez des plantes résistant à la pollution atmosphérique.

Graminées (en haut) D'audacieuses graminées décoratives adoucissent les contours des grandes marches en pierre naturelle.

Belle harmonie (ci-contre) Les marches arrondies de cet escalier en faux marbre sont en réalité en bois teinté blanc pour s'accorder aux murs de la maison.

Bois (ci-dessous) Simple escalier en bois offrant un bel équilibre visuel avec les plantes fournies et variées.

Aménager un escalier

Voici trois propositions pour transformer ce vieil escalier d'entrée délabré en un « jardin » accueillant. À l'origine, les marches sont ternes et peu engageantes, mais aussi dangereuses car usées ou fissurées.

Première solution

Les anciennes marches ont été redessinées et reconstruites. La portion en « L », ornée de pots, crée une sensation d'espace.

Les formes arrondies de la végétation font écho aux boules en pierre.

Nouveau revêtement en béton.

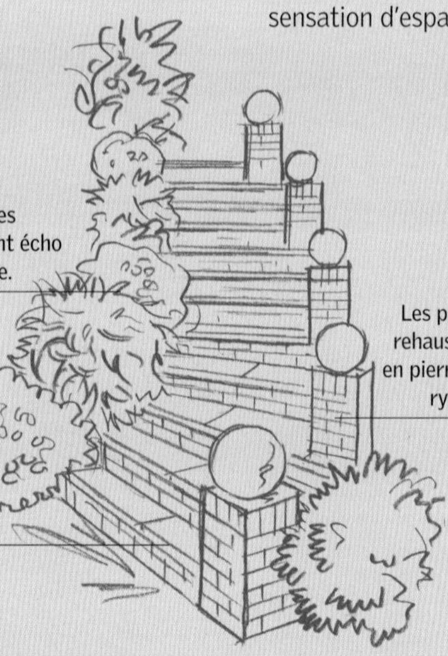

Les piliers en briques rehaussés d'une boule en pierre contribuent à rythmer l'escalier.

Deuxième solution

Des piliers en briques ornés d'une boule en pierre assortie au béton des nouvelles marches ponctuent la montée de l'escalier et conduisent le regard vers le haut.

Troisième solution

Le nouvel escalier en bois est équipé d'un placard. Les formes arrondies de la végétation contrastent avec les lignes tranchées des marches.

Marches en cèdre teinté.

Abri pour ranger les poubelles ou les outils de jardinage.

Toits-jardins

En ville, les toits d'immeuble sont particulièrement prisés pour être transformés en agréables terrasses où l'on peut prendre le soleil, se détendre, manger ou laisser les enfants jouer (pensez aux barrières de sécurité).

« L'immensité du ciel et la vue s'étirant jusqu'à l'horizon sont assez impressionnantes. »

Une nouvelle pièce sur le toit

Votre jardin suspendu doit vous donner l'impression d'être dans une pièce et non sur le toit, même si l'immensité du ciel et la vue s'étirant jusqu'à l'horizon sont assez impressionnantes. Vous rendrez les lieux plus agréables en repeignant les murs, en remplaçant le revêtement de sol d'origine par un plancher étanche ou un dallage léger, en prévoyant un éclairage nocturne et en installant des meubles.

Ajoutez ensuite une touche rafraîchissante de verdure et de couleur avec des plantes qui adouciront les lignes géométriques des bâtiments voisins. Étant donné que les toits sont exposés aux intempéries, choisissez des plantes résistantes (voir page 314) ou placez-les à l'abri du vent. Il est important de les irriguer et de les entretenir régulièrement car le vent déshydrate et assèche les feuilles, et les plantes en pots ne disposent pas de grandes réserves d'eau.

Avant de profiter de votre toit ou de procéder à une quelconque transformation, consultez toujours votre propriétaire et/ou un architecte paysagiste. Les éléments les plus lourds seront de préférence installés au bord du toit afin de répartir leur poids sur les murs.

Accès par en haut (p. 142)
On accède à cette terrasse abritée par un balcon qui la surplombe et d'où l'on jouit d'une superbe vue sur le jardin.

Espace clos (ci-dessus)
Située entre des cheminées en briques, cette petite terrasse en bois est entourée de bacs en aluminium, à double paroi, qui protègent les plantes de la chaleur.

Jardinières (ci-contre)
Ces grandes jardinières créent un espace attrayant et dissimulent la clôture.

Mobilier Ci-dessus : disposés les uns contre les autres pour créer un meuble décoratif, ces coffres de rangement superposables en bois marron orangé peuvent également servir de banc ou de jardinière. Ci-dessous : le mobilier en aluminium peut rester dehors toute l'année.

Aménager un toit-jardin

Voici deux propositions bien différentes pour transformer un toit recouvert de liant bitumeux et affublé d'une cheminée hors d'usage sur le côté gauche. L'accès se fait par une fenêtre qui sera remplacée par une simple porte dans la première solution, tandis que la deuxième solution propose d'aménager les combles en salle à manger et d'accéder au toit par une porte-fenêtre.

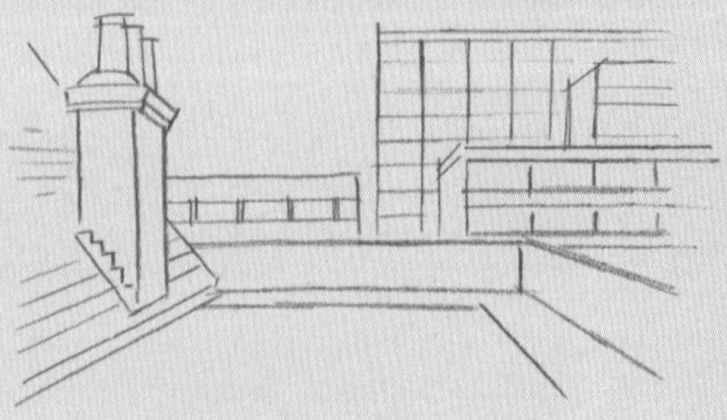

Première solution

Le toit a été transformé en une agréable terrasse ensoleillée destinée à recevoir ou à se détendre. La zone située devant la cheminée a été transformée en bar.

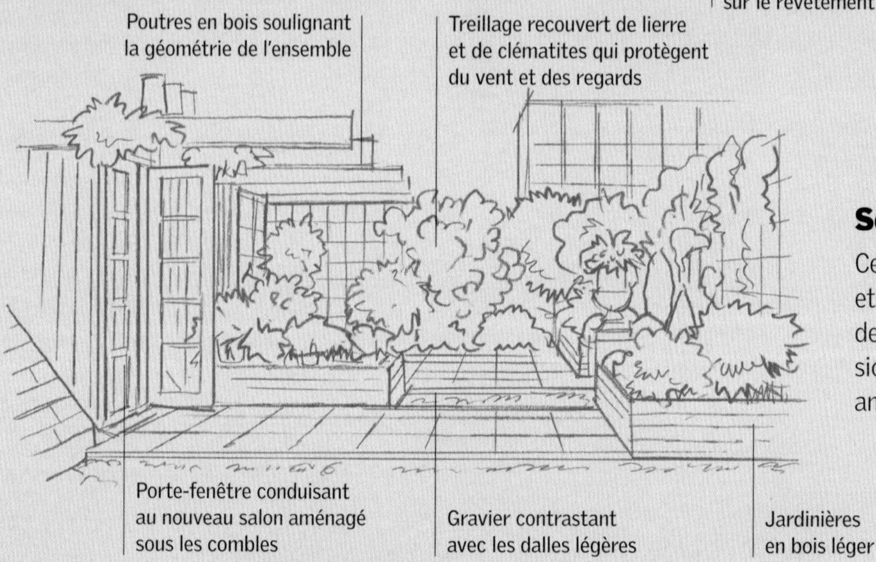

Seconde solution

Cette conception est plus formelle et moins originale que la précédente mais elle forme une extension visuelle du nouveau salon aménagé sous le toit.

Balcons

Quelle que soit sa taille, un balcon peut être aménagé de façon à créer une belle extension visuelle de la pièce adjacente, appréciable toute l'année. Bien qu'exposé à la poussière et au vent, le balcon peut devenir un lieu charmant pour cultiver quelques plantes ou s'asseoir et se détendre en été.

« Une belle **extension** visuelle de la pièce **adjacente.** »

Invitation (ci-dessus)
Même étroit, un balcon orné de plantes est toujours agréable à voir de l'intérieur.

Moitié-moitié (ci-contre)
La moitié du balcon a été transformée en véranda, le reste conservé tel quel pour accueillir quelques pots de fleurs.

Aménager un balcon

Utiliser le même revêtement de sol à l'intérieur et à l'extérieur est la manière la plus simple et la plus efficace de créer un lien entre un balcon et la pièce adjacente. Quelques pots de fleurs posés sur le sol de la pièce renforceront le tout en faisant pénétrer l'extérieur à l'intérieur de la maison. Choisissez un mobilier de balcon dans le même style que la pièce ou contentez-vous de sortir les chaises de la salle (cela vous évitera les problèmes de rangement). Enfin, peignez les murs extérieurs dans des tons identiques ou similaires à ceux de l'intérieur.

Les soirs d'été, vous profiterez plus longtemps du balcon grâce à un éclairage artificiel (installé à l'intérieur ou à l'extérieur). Cependant, quelle que soit la période de l'année, une lumière chaleureuse réchauffera l'atmosphère nocturne et votre balcon deviendra un décor à lui tout seul ou bien fera office de premier-plan devant la ville éclairée.

Vue de l'intérieur (à gauche)
La vue sur le balcon est aussi importante que l'usage que l'on en fait.

Utilisation originale (ci-dessus)
Approche carrée et minimaliste.
Le pied transparent de la table permet à la lumière de pénétrer dans la pièce située à l'étage inférieur.

Ombre et protection

Un auvent, un grand parasol (voir page 240) ou des stores comme ceux proposés dans la première solution page ci-contre sont les moyens évidents de procurer de l'ombre, sans oublier les plantes, qui ont en plus l'avantage d'être décoratives. Arbustes (de type buis), plantes grimpantes (lierre), treillages, clôtures ou rambardes protègent du vent et des regards et offrent un peu d'intimité. Si vous possédez une grande quantité de plantes, essayez d'installer un point d'eau à proximité pour faciliter l'arrosage (voir les plantes les plus adaptées aux balcons page 314).

Si vous envisagez d'effectuer des travaux de transformation, vérifiez que vous avez les autorisations nécessaires et consultez un spécialiste pour connaître le poids que pourra supporter le balcon.

Entrée décorée (ci-dessous à gauche) Des pots de bambous protègent l'entrée du balcon. Le balcon situé au-dessus oblige les plantes en quête de lumière à pousser à l'extérieur.

Lien végétal (ci-dessous à droite) Un agencement informel de plantes fait le lien entre la terrasse et le balcon de ce jardin de ville.

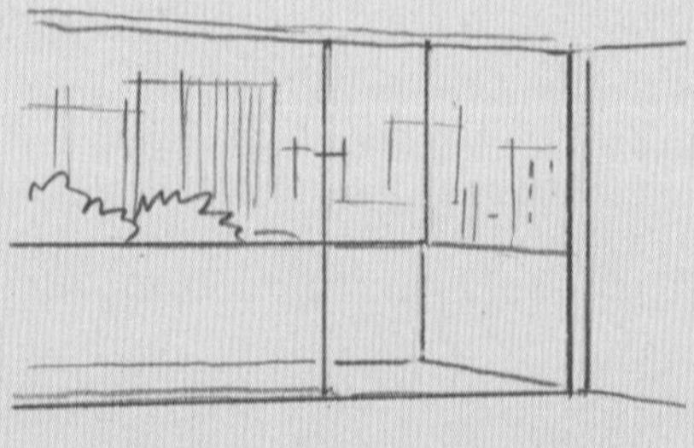

Aménager un balcon

Voici trois propositions très différentes pour transformer un petit balcon d'immeuble en une agréable extension du salon adjacent. Le balcon d'origine est entouré d'un muret et séparé de celui du voisin par une vitre. On y accède par deux baies vitrées coulissantes.

Première solution

L'idée est d'utiliser un motif exotique de couleur vive à l'intérieur comme à l'extérieur pour illuminer et égayer le balcon tout en prolongeant la pièce.

Deuxième solution

Une haie d'ifs protège du soleil et des regards, tandis que les buis taillés présentent un intérêt esthétique tout au long de l'année. Des pots de bulbes et de plantes annuelles apportent différentes touches de couleur au fil des saisons.

Troisième solution

Un mur qui ferme partiellement le balcon forme deux « fenêtres ». Les persiennes coulissantes permettent de modifier la vue sur le balcon et sur l'horizon pour créer de beaux effets, un peu comme dans un décor de théâtre.

Fenêtres

Les fenêtres constituent un support idéal : elles peuvent être peintes, entourées d'un treillage, de plantes et de bacs à fleurs, surtout si elles sont l'unique espace de jardinage possible. Concevoir et planter une jardinière peut être source de grande satisfaction, surtout si le résultat est là !

« Choisissez des pots et des plantes qui s'accordent bien avec le style de votre fenêtre. »

Harmonie de tons (à gauche)
Comment ne pas être attiré par cette belle harmonie de couleurs entre ces volets et ces pétunias ?

Classique (ci-contre)
Quatre fenêtres différentes fleuries de quatre manières différentes. Les pots et bacs à fleurs ont l'avantage d'être facilement enlevés et remplacés par d'autres afin d'avoir un rebord fleuri tout au long de l'hiver et du printemps.

Indémodable (ci-contre)
Explosion de couleurs dans cette jardinière classique où un indémodable bégonia côtoie des lobélies et des pétunias.

Plantes grimpantes (ci-dessus)
Les plantes grimpantes peuvent servir à encadrer une fenêtre. Ici, le jasmin et les clématites imprègnent le jardin de leurs couleurs et de leur parfum.

Décorer une fenêtre

Choisissez des pots et des plantes qui s'accordent bien avec le style de votre fenêtre, en faisant attention à la couleur du cadre, à ce qui l'entoure et à la teinte dominante de la pièce. Déterminez ensuite de quel côté vous souhaitez que la fenêtre soit la plus attrayante. S'il s'agit de l'intérieur, il faut que vous puissiez y voir les bacs posés à l'extérieur.

S'il s'agit de l'extérieur mais que la fenêtre ne possède pas de rebord ou s'ouvre du mauvais côté, vous pouvez accrocher une jardinière en dessous de la fenêtre, fixer des pots sur le mur, ou encore planter des grimpantes qui s'accrocheront à un treillage entourant la fenêtre. Enfin, si votre fenêtre donne sur la rue, les plantes en pots ou poussant en pleine terre vous cacheront des regards indiscrets.

Rangement

L'inconvénient des petits jardins est le manque d'espace pour ranger les poubelles ou encore le mobilier extérieur, les jouets de plein air, les pots et les outils ou encore pour réaliser un tas de compost.

Dans un grand jardin, un tel bric-à-brac est généralement rangé dans un coin peu utilisé ou mieux, dans une cabane. Mais dans un petit jardin, trop exigu pour permettre une telle construction, tout ceci finit par faire partie du décor, à moins de trouver une autre solution de rangement.

Abri de jardin intégré

Une solution consiste à construire un espace de rangement intégré dans l'architecture même du jardin. Qu'il soit en briques, en bois ou autre, l'essentiel est qu'il se fonde dans le reste du jardin. Faites selon vos besoins, par exemple en construisant de petits cagibis sur mesure que vous encastrerez dans les recoins inutiles. Vous trouverez, page suivante, trois exemples pour aménager un espace de rangement dans une entrée. Intégrées à la structure de la porte ou du portail, ces solutions pratiques peuvent se révéler assez décoratives.

Les abris réservés aux poubelles doivent être accessibles et faciles à nettoyer. En revanche, les objets dont vous vous servez peu souvent peuvent être rangés dans des endroits moins faciles d'accès, comme par exemple un coffre aménagé dans un banc creux en briques recouvert d'une assise en planches.

Autres solutions

Un treillage orné de plantes grimpantes ou une palissade en bambou peuvent faire office de paravent ajouré pour dissimuler les poubelles ou un tas de compost. Les haies font aussi parfaitement l'affaire, à condition d'être composées d'arbustes persistants pour faire écran tout au long de l'année.

Rangements astucieux
(ci-dessous et ci-contre)
Lorsque la place manque, les espaces de rangements sont importants, tout comme l'endroit où ils sont installés. Construisez votre abri en fonction de vos besoins. Voici différents types de cabanes astucieuses et originales ainsi qu'un système de rangement à ouverture coulissante.

Aménager un abri de jardin

Voici trois propositions d'abri intégré au décor.

Coffre s'ouvrant par le dessus et facile à utiliser quotidiennement.

Cagibi construit dans le prolongement du portail

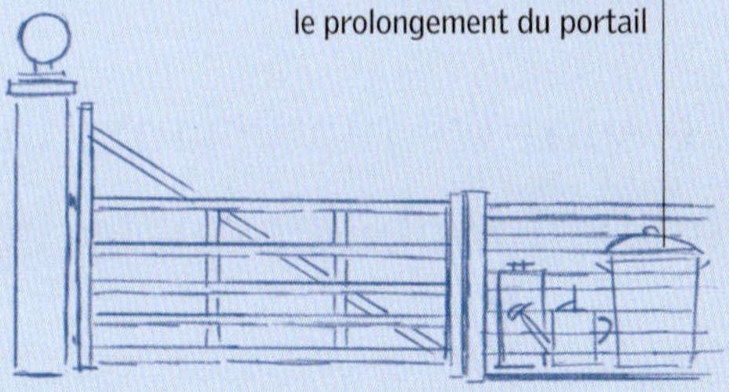

Deux cagibis inclinés rappelant le style de la porte

structure

Ce sont les matériaux, la manière dont ils sont arrangés et le style du mobilier qui forgent le caractère de votre jardin.

Contraste original La profusion de plantes au premier plan contraste avec le bassin qui se trouve au fond, les deux parties du jardin étant reliées par une succession de charmes pyramidaux (*Carpinus betulus* 'Pyramidalis').

Architecture du jardin

La structure architecturale d'un petit jardin peut (ou doit) représenter l'un de ses principaux intérêts, surtout si sa superficie et sa situation géographique rendent la culture de plantes difficile ou impossible. Le choix d'une surface (sol, allée, mur, etc.) et des matériaux qui la composent donneront à votre jardin son style, sa couleur et sa texture à long terme. Même si vous êtes surtout intéressé par l'horticulture, ne négligez pas la structure architecturale, car si vous vous contentez de juxtaposer les plantes, vous risquez de vous retrouver avec un fouillis indescriptible. La croissance de la végétation doit être maîtrisée en intégrant les plantes dans une ossature solide et permanente. Celle-ci peut devenir un élément central du décor, comme par exemple la fontaine et le bassin ci-dessous,

Formes superposées Imaginez les éléments de ce jardin sur un plan et vous verrez que les formes se superposent. L'eau contribue à relier les éléments entre eux, mais c'est surtout la surface dallée aux contours irréguliers qui remplit ce rôle.

ou bien seulement contribuer à créer un bel équilibre entre une structure en dur et la végétation. L'illustration ci-dessous à droite montre par exemple que ce sont les éléments architecturaux qui créent un lien visuel et physique entre le jardin et son environnement immédiat (c'est-à-dire la maison ou l'intérieur de celle-ci, mais aussi la nature environnante). Plus ce lien est étroit, plus le jardin semblera plus grand qu'il ne l'est en réalité.

Un sol en dur crée également un sentiment de sécurité et d'intimité car il est plus carrossable et on peut y installer des meubles, etc. Une « bonne » structure doit répondre à vos besoins mais aussi à ceux des plantes et des autres éléments du jardin.

Jeu sur les niveaux Trois jardinières en béton ont été placées côte à côte près de l'entrée. Leur différence de hauteur est mise en valeur par la fougère arborescente que chacune d'elle contient. La sculpture au premier plan équilibre le tout.

Structure et plantes

Les principaux éléments de ce jardin sont les marches et la fontaine, dont l'impact visuel est atténué par le bois, utilisé comme matériau central. Par ailleurs, ce qui aurait pu apparaître trop chargé est remarquablement adouci par la végétation.

1 Mur
Tous les murs de soutènement sont en béton lisse, mais ils auraient pu aussi être crépis. Ils sont surmontés d'un couronnement (chaperon) en bois.

2 Marches
Le même bois est utilisé pour les marches qui mènent au centre du jardin. Celui-ci est décoré de manière très riche, mais la force et la simplicité des détails ne surchargent pas l'ensemble.

Simplicité et élégance
(ci-dessus) Ce banc intégré semble fait d'un simple empilement de morceaux de bois, tandis que les petites niches ornées de feuilles sculptées apportent une touche de raffinement.

4 Mur du fond
La couleur du mur donne l'impression qu'il se trouve loin, ce qui met en valeur la profusion de canches cespiteuses qui poussent devant (*Deschampsia cespitosa*, famille des graminées).

5 Allée gazonnée
Les dalles posées sur l'herbe n'enlèvent rien à l'impression de douceur qu'offre ce tapis de verdure, que vous tondrez facilement avec un coupe-bordure (par ailleurs facile à ranger).

3 Fontaine de caractère
La fontaine est aussi charmante que le reste. Elle fonctionne en circuit fermé grâce à une pompe située sous une grille cachée par les galets. Grâce à un tuyau, l'eau pompée alimente un petit réservoir situé à l'arrière du mur, en amont, d'où elle s'écoule pour former la cascade.

Bordure (ci-contre)
Le bord d'un plancher peut s'avérer assez difficile à réaliser surtout s'il implique un changement de niveau. Ici, on a choisi la méthode la plus simple et la plus astucieuse, celle de faire déborder la terrasse sur les galets.

ÉLÉMENTS DE SÉPARATION

Murs

Les citadins qui doivent se contenter d'un petit jardin coincé entre celui des voisins et les immeubles plus ou moins hauts qui l'entourent, rêvent souvent de posséder un jardin de campagne entouré d'un joli muret. Cependant, transposer ce type de jardin en ville ne permettrait sans doute pas d'éviter le désagréable sentiment d'écrasement créé par les immeubles. On arrive à se défaire de celui-ci lorsqu'il est nécessaire de construire un nouveau mur de clôture ou d'en remplacer un trop délabré, mais le plus souvent, il faut faire avec l'effet que produisent ces murs « hérités ». Plus ils sont hauts, plus le regard est attiré vers le ciel, comme pour s'en évader, et plus il est impératif de trouver une configuration qui atténue cette sensation. Il suffit, par exemple, d'installer un ou plusieurs éléments qui accrocheront le regard (leur taille dépendant de la hauteur des murs), ou de décorer les murs de diverses manières.

« Faites comme si un haut mur constituait l'arrière-plan d'un décor. »

Murs écrans (ci-dessous)
Le mur est le moyen le plus efficace de faire écran. Ici, les deux murs symétriques intriguent le visiteur et dissimulent ce qui se trouve derrière, tout en présentant un intérêt esthétique.

Ce n'est pas parce que votre jardin est de petite taille que vous devez travailler à petite échelle. Si vous voulez que les éléments qui le constituent attirent le regard, il faut que ceux-ci soient bien proportionnés par rapport à la hauteur des murs. Prenons par exemple un jardin entouré d'un mur de 2 m de haut. Si vous créez un parterre, une zone pavée ou un bac à sable de 2 m sur 2 m, vous intégrez la dimension des murs dans le jardin même et atténuez leur caractère écrasant.

Le style du jardin dépend de celui de votre intérieur et des matériaux de structure utilisés : un banc intégré ou un petit bassin construits dans le même matériau que celui des murs alentour créeront une agréable harmonie.

Mur en pierres sèches (ci-dessus)
La manière anarchique dont les plantes poussent entre les pierres de ce mur protégé par un treillage métallique crée une atmosphère « champêtre».

« Ce n'est pas parce que votre jardin est de petite taille que vous devez travailler à petite échelle. »

Murs de soutènement

Faites comme si un haut mur constituait l'arrière-plan d'un décor et construisez de petits murs de soutènement pour rendre la scène plus attrayante et attirer le regard vers le sol. Si les murs de clôture sont sains, vous pouvez combler la zone qui les sépare des murets de soutènement avec de la terre et un système de drainage afin d'y cultiver des plantes. Ne construisez pas de murs de soutènement sur tout le pourtour du jardin, vous ne feriez qu'exacerber la sensation d'écrasement des murs d'origine. Au contraire, espacez les murets de manière irrégulière et servez-vous de leurs dimensions pour faire varier les formes et les motifs du jardin. Il est important que les murets soient suffisamment solides et imperméables pour pouvoir retenir la terre. Ne négligez pas ces points, ils vous feront économiser du temps et de l'argent dans plusieurs années.

Les petits murs peuvent aussi servir de base à une terrasse pavée ou à une série de différents niveaux en escalier, à condition toutefois de respecter la configuration du jardin et l'architecture de votre maison : est-elle de style classique et symétrique ou plutôt anguleux et donc plus propice à un agencement asymétrique de l'extérieur ?

Murs de couleur (ci-dessus)
Les plaques colorées des murs forment l'un des éléments-clés de ce jardin, tout comme la forme sculpturale de l'arbre et le déversoir à eau de la fontaine.

Étagères et panneaux

Vous pouvez disposer des pots, des galets ou des coquillages sur des étagères fixées aux murs extérieurs, mais assurez-vous au préalable de la solidité de ceux-ci. Si votre jardin est situé sur le toit, allégez-en le poids en fixant de telles étagères sur les murs de refend des bâtiments voisins.

Vous pouvez aussi égayer les murs peu esthétiques en les ornant de panneaux décoratifs, composés par exemple de chutes de bois peintes ou teintées sur une planche. Pensez également aux plantes grimpantes ou à celles qui peuvent être palissées le long des murs pour donner de la couleur et du caractère au jardin, tout en économisant l'espace au sol (voir le chapitre sur les plantes grimpantes page 288).

Crépi violet (en haut)
Le mur en béton crépi forme comme un cadre autour de cette impressionnante collection de plantes tropicales, dans laquelle se nichent quelques sculptures. Quelques vases décorent également le sol.

Architecture plane (ci-dessus)
Association de murs et de supports intégrés, qui mettent en valeur les pots et les cailloux.

Plantes grimpantes

Vous obtiendrez un superbe effet en peignant un mur d'une certaine couleur et en y faisant pousser une plante grimpante de couleur complètement opposée. Vous pouvez aussi installer un treillage peint ou recouvert de végétation si le mur est trop laid. Au fil du temps, les plantes grimpantes comme le lierre finissent par abîmer les joints des murs composés de mortier de chaux. En revanche, le mortier de ciment résiste mieux. Ces plantes, notamment celles à feuillage persistant, doivent être bien taillées et les feuilles mortes régulièrement enlevées pour empêcher les oiseaux d'y construire des nids, car cela entraînerait des infiltrations d'eau dans les murs.

Treillage (ci-dessous)
Ce joli détail de treillage devient un élément à part entière du décor et permet à une plante grimpante de développer un beau feuillage fleuri.

Damier (en bas)
Spectaculaire mur en damier, qui peut être peint ou composé de panneaux de béton coulé.

Entretien des murs

L'entretien des murs ne doit pas être négligé, surtout s'il s'agit de murs anciens dont le mortier dégradé menace de s'effriter sous l'action de l'humidité ou des racines aériennes de plantes grimpantes. Les murs infiltrés d'eau doivent être traités rapidement. Faites appel à un spécialiste qui trouvera la cause de cette humidité. Il peut s'agir d'un voisin ayant établi le niveau du terrain au-dessus du système de drainage ou bien de l'absence totale de système de ce genre.

En matière de décoration, les murs extérieurs peuvent être traités de la même manière qu'à l'intérieur, c'est-à-dire être peints, carrelés, ornés d'assiettes en céramique ou d'étagères, etc. Quelle que soit la solution retenue, elle permettra d'égayer le jardin, de laisser un maximum de place au sol et de rompre la monotonie des murs. Dans les pays chauds, les façades sont souvent peintes de différentes couleurs pour réduire l'éblouissement des rayons du soleil, tandis que plus au nord, la couleur a pour but de dissimuler la grisaille. Si vous pensez que le blanc pur est le meilleur moyen de compenser une météo morose, détrompez-vous : lorsqu'il pleut, le blanc a tendance à devenir grisâtre. La meilleure solution pour embellir un petit jardin clos et réduire le sentiment d'étouffement est de peindre les clôtures en différentes couleurs ou en différentes nuances d'une seule et même teinte.

Vous pouvez aussi dessiner des formes et des motifs abstraits, un paysage réaliste, ou encore des fausses ombres sur lesquelles viendront se superposer les véritables. (Voir « Effets spéciaux », page 118).

« Faites comme si vous deviez peindre une toile vierge. »

Décorer les murs

Alors qu'à l'intérieur d'une maison, on n'hésite pas longtemps à peindre les murs, les orner de tableaux ou y fixer des étagères remplies de bibelots ou de sculptures, on a plus de scrupules à faire de même à l'extérieur. Pourtant, si les murs sont recouverts de plantes, la couleur et la texture de celles-ci sont un grand avantage dont on peut tirer parti pour créer une ambiance accueillante et réduire le sentiment d'oppression si courant dans les petits jardins cernés de très hauts murs. Faites comme si vous deviez peindre une toile vierge destinée à devenir un élément à part entière du jardin, ou utilisez les murs comme toile de fond au reste du décor.

Mur planté (en haut à gauche)
Mur en pierres façon damier, certains carrés ayant été creusés pour y installer des plantes. La terre est retenue par des traverses en bois.

Charme ondoyant (en haut à droite)
Ce superbe mur en béton dont la forme sinueuse n'est pas sans rappeler celle d'un serpent attire immédiatement le regard.

Mosaïque tropicale (en bas à gauche)
Ce mur coloré situé dans un jardin tropical se compose de carreaux de mosaïque fixés sur du béton.

Dedans-dehors (en bas à droite)
Ce vitrage en verre habituellement utilisé en intérieur peut servir à l'extérieur de mur de séparation pour capter et réfléchir la lumière.

Choisir un style de mur

Au moment de choisir les matériaux pour votre mur, réfléchissez à la manière dont la couleur, la texture et la taille de ceux-ci s'intégreront dans le décor. Essayez de visualiser le résultat final car chaque matériau pris séparément aura peut-être un aspect extrêmement différent une fois intégré aux autres matériaux.

La brique est l'un des matériaux les plus utilisés car elle se décline en une si grande variété de couleurs et de textures que vous trouverez toujours celle qui conviendra le mieux à vos besoins. Par ailleurs, la taille réduite de la brique est parfaite pour les murs de petits jardins, souvent de forme irrégulière ou complexe. Enfin, c'est un matériau idéal pour la construction des éléments de structure, notamment des fontaines ou des bancs. Quant aux murs, ils peuvent être bâtis avec tout type de brique : brique mécanique, brique de parement, brique pleine (la plus courante), et même brique de récupération.

Les briques mécaniques sont bien plus solides que celles de parement et encore plus que les pleines, qui doivent être assemblées avec un mortier (briques enduites) les protégeant du gel. Les briques mécaniques et les briques de parement confèrent un aspect doux et lisse tandis que les briques de récupération (qui ne sont en fait que de vieilles briques mécaniques ou de parement devenues rugueuses avec le temps) sont plus adaptées à la construction de murs attenant à d'anciens bâtiments. Les briques de parement n'étant imperméabilisées que sur la face apparente, le sommet du mur doit être couronné d'un chaperon.

Les parpaings de béton se composent de divers ingrédients et présentent donc des couleurs et des textures très variées. Ce sont des blocs plus grands et moins chers que la brique, qui permettent donc de construire un mur plus rapidement et à moindre coût. Le béton présente aussi l'avantage de pouvoir être coulé en œuvre auquel cas vous obtiendrez un mur très solide et parfaitement lisse. Dans les zones rurales, la pierre locale s'accordera bien aux bâtiments et au paysage alentour. Quant aux pierres reconstituées, plus régulières, elles sont plus adaptées aux environnements urbains.

Pierres sèches Cet empilement de pierre apparemment anarchique rappelle les murets qui jalonnent certaines campagnes. Pourtant, la construction de murs en pierres sèches est un art réservé aux professionnels.

Béton coulé Ce mur brut en béton est parfait pour maîtriser la croissance anarchique des fleurs sauvages.

Silex et gravats concassés
Ce mélange de matériaux typiquement britannique recouvre souvent de simples briques.

Enduit coloré Les bords carrés de ce mur en crépi forment comme un cadre qui contraste avec les formes arrondies de la sculpture, tandis que sa couleur violette fait écho à celle des fleurs.

Dalles découpées Version plus ordonnée du muret de pierres sèches, qui sera encore plus belle une fois recouverte de lichen.

Treillage métallique Mur composé de miroirs inclinés dont les reflets mettent en valeur l'agencement formel.

Arrière-plan coloré Mur en béton teinté devant lequel ressortent les formes et les couleurs vives des fleurs.

Briques de récupération Exposé au sud, ce mur déjà ancien retient la chaleur et favorise la culture

Dalles décoratives Cet escalier aux formes épurées suit la courbe d'un mur lisse et contraste avec les pavés arrondis du sol. La surface du mur guide le regard vers le haut des marches.

Clôtures

Les clôtures adaptées aux petits jardins sont facilement manipulables et à fonctions multiples. Composée de grandes planches solidement attachées, une palissade vous protégera des regards et du vent de la même manière qu'un mur, mais avec l'avantage d'être moins onéreuse, plus facile à construire et plus légère (donc idéale pour les balcons et les toits). Dans le même genre, le treillage peut servir à décorer ou agrandir visuellement les murs, tandis que d'autres modèles de clôture, qui n'ont pas une fonction exclusive de barrière, offrent un aperçu sur l'extérieur et augmentent donc la sensation d'espace. Plusieurs types de clôture peuvent être utilisés dans un petit jardin pour masquer les éléments peu décoratifs, protéger du vent (vous et vos plantes) ou des regards, mettre en valeur une belle vue ou un élément du décor, ou encore servir de support pour plantes grimpantes.

Il existe plusieurs sortes de palissades ; certaines sont préfabriquées en bois et vendues en kit, d'autres peuvent être construites par vous-même, par exemple en tendant du fil à treillis entre des planches de bois ou en fixant des cannes de bambou sur des nattes de jonc. Selon la hauteur, la forme et les matériaux utilisés, vous obtiendrez un résultat plutôt sophistiqué et esthétique ou bien naturel et rustique. Votre choix dépendra du type de barrière que vous recherchez, ainsi que de la couleur et de la texture des matériaux utilisés dans le reste du jardin (brique, béton, bois, métal).

Palissade percée de losanges (ci-dessus)
Cette palissade champêtre de couleur bleue est un élément à part entière du jardin.

« Abriter des regards, mettre en valeur une vue ou un élément du décor. »

Structure géométrique Ce treillage fixé sur un support en bambou crée un effet en trois dimensions servant de toile de fond sur laquelle se découpe la silhouette d'un petit arbre bien taillé.

Clôtures décoratives

Il est souvent nécessaire de fixer la frontière entre le jardin et la nature environnante, sous la forme d'une barrière qui vous sépare de la rue ou d'un mur qui vous coupe du regard des voisins. Avant de choisir un modèle, réfléchissez à ce que vous souhaitez faire : vous isoler du monde, délimiter votre terrain de manière agréable ou conserver une belle vue tout en cachant la laideur d'un bâtiment ?

Jardin de campagne
(ci-dessus à gauche)
Dans ce genre de jardin classique, un paravent en bois de ce type est souvent un excellent support pour la végétation.

Paravent en bambou
(ci-dessus à droite)
Il s'agit de cadres de bois garnis de tiges de bambou, qui ont l'inconvénient de se détériorer rapidement.

Clôtures extérieures

Dans notre empressement à vouloir se protéger des regards et/ou du vent, on entoure souvent le jardin d'une clôture solide parfois trop haute, dont la taille ainsi exacerbée fait naître un sentiment de claustrophobie. Pour minimiser cet effet, vous pouvez compenser la hauteur de la clôture en attirant le regard sur un motif décoratif, comme vous le feriez si votre jardin était entouré de hauts murs. Vous pouvez aussi estomper les contours de la clôture en la bordant de massifs aux formes irrégulières. Quoi qu'il en soit, une clôture empêchera vos enfants et votre chien de sortir et fixera les limites de votre jardin.

Treillage métallique (en haut)
Le métal est plus solide que le bois.

Style japonais (en bas)
Cette clôture en tiges de bambous verticales surmontées d'un treillage évoque un style japonais qui convient parfaitement à ce jardin.

Il existe de nombreuses formes de clôtures ajourées (comme le grillage ou le treillage pour n'en citer que deux). Optez pour celle qui sera la mieux assortie à votre jardin. Sachez que ce type de clôture à claire-voie peut servir de support à des plantes grimpantes, ce qui est un avantage dans les petits jardins car vous économisez de la place au sol. Vous pouvez également faire pousser ces plantes le long d'une palissade pour en boucher les trous et vous protéger des regards ou du vent ou bien les planter au pied d'un treillage fixé sur un mur. Un tel support est d'ailleurs très simple à réaliser, il suffit de tendre des fils de fer dans un cadre en bois. Enfin, de telles clôtures étant plus légères qu'un mur, elles pourront donner un peu d'intimité à un balcon ou à un jardin sur toit, sans dénaturer l'ensemble. Vérifiez au préalable que vous n'enfreignez pas les règles d'urbanisme et que la clôture en question est suffisamment bien fixée pour ne pas être emportée par le vent.

Clôtures intérieures

Les clôtures (barrières et grillages inclus) peuvent aussi être installées à l'intérieur même du jardin, par exemple pour masquer certains éléments peu esthétiques comme les poubelles, une cuve à fioul ou un tas de compost. Des clôtures pleines ou tressées feront très bien l'affaire, de même qu'une clôture ajourée recouverte d'une plante grimpante persistante. L'endroit que vous réservez pour les repas ou pour vous reposer sera plus chaleureux si vous le clôturez, même partiellement, pour mieux vous protéger du vent et des regards. Une clôture pourra également mettre en valeur un élément du décor (par exemple une sculpture) ou devenir un élément décoratif à part entière. Enfin, une palissade ouverte aura l'avantage de faire paraître les objets visibles au travers de celle-ci plus grands, car leur silhouette sera moins nette.

Clôture solide (en haut)
Solide palissade en planches de bois de conifère.

Clôture légère (au milieu)
Grillage en fer galvanisé avec une déoupe en forme de cercle.

Treillage maille losange (en bas)
Treillage fixé sur une clôture pleine et peint de la même couleur.

Trame esthétique (page de droite)
On a délibérément laissé la rouille envahir ce rideau de métal, qui met en valeur la sculpture se trouvant derrière.

Choisir un style de clôture

Votre clôture doit être choisie en fonction de l'usage que vous souhaitez en faire et de son emplacement dans le jardin. Ainsi, un treillage noir sera parfait autour d'un coin-repas peu planté et composé d'un mobilier sombre et plutôt chic, tandis qu'en ville, une palissade en bois naturel sera un moyen simple et esthétique de séparer de la rue un petit jardin de style champêtre. Les matériaux les plus couramment utilisés sont le plastique, le métal et le bois ; quant au béton, il est généralement réservé aux poteaux. De nombreux modèles de clôtures sont vendus en panneaux préfabriqués puis assemblés sur place, mais certains seront peut-être trop larges dans un jardin de petite taille. L'avantage de concevoir sa barrière soi-même est que l'on peut lui donner les dimensions exactes du jardin et lui trouver un style approprié.

Les clôtures en plastique ne nécessitent pas d'entretien et conviennent mieux aux jardins de ville. Lorsqu'elles sont préfabriquées, elles sont généralement assez basses et servent plus à délimiter le jardin qu'à le protéger. Les clôtures métalliques faites à partir de rouleaux de fil de fer et de grillage (parfois plastifiés) sont idéales si votre jardin présente des formes irrégulières. Elles se fixent sur des poteaux en métal, en béton ou en bois, ou encore sur un cadre.

Les clôtures en bois conviennent à pratiquement tout type de fonction et d'emplacement. Le bois doit être séparé de son écorce (sauf si vous choisissez un bois dur très onéreux) puis enduit d'un produit de conservation, ou bien imperméabilisé et teinté afin d'éviter qu'il ne se décompose. Étant donné que le bois pourrit au contact direct du sol, il est conseillé de protéger les poteaux par un sabot métallique, lui-même noyé dans du béton, et de surélever légèrement les planches qui composent la clôture.

Clôture en osier Panneau en osier tressé pour jardin de campagne.

Clôture en bois tendre Cet entrelacs de planches horizontales doit être soutenu par des poteaux résistants et une base solide.

Clôture rurale en troncs de noisetier grossièrement découpés, pour un aspect très champêtre.

Clôture en bambou Les tiges de bambou sont disposées verticalement pour un plus bel effet.

Clôture en planches horizontales Les planches horizontales sont solides, mais il faut les renforcer par les poteaux robustes à cause du vent.

Vieille clôture Ce type de clôture en branches de noisetier entrelacées prendra un air de plus en plus rustique avec l'érosion du temps et les plantes grimpantes qui l'envahissent.

Style champêtre Barrière composée de piquets.

Style marin À condition d'être bien orienté, ce type de palissade délavée par l'eau de mer a beaucoup de charme.

Clôture en planches verticales superposées.

Portails et portillons

L'entrée du jardin a son importance, pas seulement parce que « c'est la première impression qui compte », mais aussi parce que le seul espace extérieur dont jouissent les citadins est celui qui sépare leur porte de la rue, souvent un passage, une allée, voire un simple pas de porte.
En règle générale, on accède à une maison en trois étapes : un portillon, une allée (traversant un petit jardin) et la porte d'entrée de la maison. On les construit ensemble afin de conserver une unité de style : les détails de la porte du jardin sont repris sur la porte d'entrée, qui fait elle-même écho au style architectural du bâtiment. Mais en ville, à cause de la diversité de l'habitat (immeubles, appartements reconvertis, maisons à demi-niveaux) et du besoin de sécurité, les entrées sont moins conventionnelles et plus souvent dissimulées au fond de couloirs, en bas d'escaliers ou derrière une porte de sécurité. Rien n'empêche cependant d'aménager ces entrées de façon à faire une belle transition entre la rue et la maison. Mais quel que soit le type d'entrée de votre logement, traditionnelle ou moderne, vous pouvez la rendre plus visible, l'éclairer et la rendre plus accueillante.

« Rendre l'entrée plus visible, l'éclairer et la rendre plus accueillante. »

Détail esthétique (à droite)
Ce portail en métal sculpté embellit la petite cour.

Invitation (à gauche)
Cette porte donne sur une allée sinueuse dont les motifs complexes guident le regard à l'intérieur du jardin.

Créer une atmosphère

Les matériaux du chemin, de l'allée et de l'entrée, le style du portail, sa couleur et son système de fermeture, les bacs et pots de fleurs qui l'entourent, tout ceci doit s'accorder avec le style de votre maison et l'atmosphère qui y règne.

Laissez-vous influencer par l'architecture et essayez d'en reprendre les caractéristiques dans la forme, la couleur, les matériaux ou les motifs décoratifs de la porte du jardin. Il existe autant de styles de portes que de styles architecturaux, depuis les modèles en fer forgé du XIXe siècle jusqu'aux barrières en bois de style champêtre et autres portillons en bois. Le fait de choisir une porte de jardin rappelant (par sa forme, sa couleur ou son matériau) la porte d'entrée de la maison crée un trait d'union entre les deux et homogénéise l'espace qui les sépare.

Observez également les murs. Un mur en briques appellera par exemple un portail lisse plutôt moderne, en bois peint ou en métal, tandis qu'un mur plus sophistiqué sera mis en valeur par une barrière rustique en bois naturel. Enfin, il est important que le portillon ne dénote pas avec le reste de la rue.

Scène rustique (en haut à gauche)
La porte et la barrière en bois se marient bien au muret en pierre et réduisent l'impression de séparation.

Style champêtre (ci-dessus)
La couleur bleu-gris de cette barrière en bois très champêtre met en valeur les couleurs de la végétation.

Intimité et sécurité

En ville, la question de la sécurité conduit les citadins à s'équiper de plus en plus de portails sécurisés, relativement hauts et solides, parfois télécommandés depuis la maison. Ce type de portail est plus souvent en métal qu'en bois mais peut s'avérer aussi décoratif que fonctionnel s'il est bien conçu et bien intégré dans l'environnement. Les citadins qui vivent dans des rues particulièrement bruyantes recherchent aussi une certaine intimité. En plus d'un mur élevé ou d'une clôture pleine, un portail solide ou à lames (en bois ou métal) peut dissimuler le jardin du reste de la rue et du regard des passants. Ainsi protégés, rendez ces petits endroits plus agréables en couvrant le sol de dalles ou de gravier et en installant quelques chaises et des pots de fleurs. Vous créerez un espace chaleureux et intime dans lequel vous reposer et laisser jouer vos enfants en toute sécurité.

Naturellement, il existe d'autres types de portails (barrières basses en bois, portails métalliques ou portails à claire-voie) qui peuvent empêcher les enfants et les animaux de sortir, mais il s'agit le plus souvent d'une ouverture ornementale dans un mur et non d'une barrière protégeant des regards et des intrusions : ils marquent l'entrée de la propriété et laissent voir ce qui ce se passe des deux côtés. Quant aux portails bas, ils cassent la continuité du mur de clôture tout en rendant les petits jardins plus larges.

Invitation (ci-dessous)
Ce portillon qui encadre la vue du jardin sert aussi de treillage pour plante grimpante et invite le visiteur à pénétrer dans le jardin.

Harmonie (en bas à droite)
Ce portail métallique aux lignes épurées se marie bien aux murs unis de cette entrée. Les lampes font partie de la conception originale et n'ont pas été rajoutées ultérieurement.

Accès

L'accès à votre maison (allée dans un petit jardin, escalier ou petit passage étroit) doit être sécurisé et facile à franchir, mais que cela ne vous empêche pas d'en faire un beau prolongement de la maison, surtout s'il s'agit de votre seul espace extérieur (voir suggestions d'aménagement des passages étroits et des escaliers pages 130 et 136).

L'espace entre votre maison et la rue semblera plus petit si le chemin d'accès qui relie les deux est étroit et en ligne droite. Privilégiez donc les entrées pavées (voir quelques exemples page 196) ou recouvrez le chemin de gravier pour le rendre plus homogène et plus large. Cependant, si vous souhaitez que le sol soit carrossable, veillez à ce qu'il ne soit pas trop glissant, trop planté ou trop pentu. Privilégiez les matériaux à texture rugueuse (brique), plus appropriés que ceux à texture lisse (béton). Si vous envisagez de garer votre voiture juste devant la maison, prévoyez un portail suffisamment large pour éviter une crise de nerfs à chaque manœuvre. Enfin, un sol incliné pentu ou équipé d'un système d'évacuation des eaux (sous forme de rigoles raccordées à un regard ou au caniveau) vous permettra de laver votre véhicule à cette même place.

Style naturel
Les pierres de différentes tailles donnent à ce chemin un aspect rustique plaisant à regarder, mais il est sans doute assez difficile à emprunter.

La porte et le seuil

Qu'elle donne sur la rue ou non, la porte d'entrée doit offrir au visiteur un aperçu de l'atmosphère qui règne à l'intérieur de la maison et l'inciter à y pénétrer. Vous pouvez par exemple la peindre, entièrement ou partiellement, pour faire ressortir les moulures et autres motifs décoratifs. Augmentez la largeur du seuil en entourant celui-ci d'une plinthe extérieure ou en le prolongeant vers l'avant. Pensez aussi à un pot de fleurs ou une frise ornementale au-dessus de la porte qui marqueront bien l'emplacement de l'entrée et la rendront plus accueillante. Si la porte donne directement sur la rue, veillez à bien fixer les éléments décoratifs afin d'éviter qu'on ne vous les dérobe. Enfin, si votre entrée est peu dissimulée, installez une pergola qui guidera le visiteur (voir chapitre suivant).

Pour des raisons pratiques, on entrepose souvent les poubelles près de la porte d'entrée. Si vous disposez de place, rangez-les dans un abri prévu à cet effet (en briques, bois ou autre matériau correspondant au style de la maison) ; peut-être pouvez-vous même intégrer cet abri à un grand bac à fleurs. Une autre solution consiste à les dissimuler derrière un arbuste à feuillage persistant ou un treillage recouvert de plantes grimpantes également persistantes, comme par exemple du lierre panaché (*Hedera helix* 'Goldheart')

Savez-vous que si votre maison est mal éclairée, vos amis auront du mal à la repérer de nuit, surtout s'ils viennent en voiture ? L'éclairage de l'entrée et du numéro de la maison leur facilitera la tâche et vous permettra également de rentrer de nuit en toute sécurité. Dirigez le faisceau de la source lumineuse vers le haut afin de créer une lueur discrète mais accueillante ; orientée vers le bas, vous obtiendriez une ombre noire peu rassurante (voir le chapitre sur l'éclairage page 236). Choisissez un système d'éclairage assorti au style de votre maison : une vieille lanterne de fiacre devant une bâtisse moderne et sophistiquée serait par exemple un vrai gâchis.

Belle harmonie
Les briques utilisées pour les marches et le sol pavé en joints décalés s'accordent avec celles utilisées pour le reste de la maison.

Pergolas

Peut-être que le terme pergola vous fait immédiatement penser aux jardins méditerranéens et à leurs tonnelles recouvertes de vignes qui forment une voûte de verdure protégeant des rayons du soleil. Cependant, dans les petits jardins, ces structures peuvent avoir bien d'autres fonctions pratiques et esthétiques : elles peuvent, par exemple, constituer une pièce semi-abritée ou un pavillon de verdure qui embellira le jardin.

Les pergolas qui conduisent d'un endroit à un autre sont ce que j'appelle des pergolas dynamiques ou directionnelles, tandis que celles qui couvrent une zone plus large mais bien délimitée sont des pergolas statiques.

Tonnelle

Ce type de pergola peut être indépendant ou adossé à un mur. Dans le premier cas, la pergola attire le regard sur toute sa longueur, ce qui raccourcit la perspective. C'est un avantage si la pergola débouche sur une entrée ou un beau point de point de vue, ou si elle est traversée par un chemin. L'inconvénient est que les côtés de la structure restent souvent inutilisés. Appuyée contre un mur, la pergola abrite une entrée et protège l'intérieur de la maison des rayons du soleil. Dans les régions chaudes, la pergola seule ne suffit pas toujours à procurer de l'ombre et l'on y fixe parfois des stores. On peut aussi poser des cannes de bambou ou d'osier sur les poutres qui projetteront en plus de belles ombres au sol. Dans les climats plus tempérés, ces solutions sont inutiles car les plantes annuelles grimpant le long de la pergola suffisent à procurer de l'ombre en été et à laisser passer la lumière en hiver.

Tonnelle de fruitiers
De simples arches en métal font d'excellents tuteurs pour les arbres fruitiers.

Pergola Trop souvent, la structure d'une pergola domine la végétation dont elle est recouverte, mais ce n'est pas le cas ici.

Pergola de grandes dimensions

Ce type de pergola couvrant une grande surface (terrasse, voire jardin entier) prolonge l'intérieur de la maison et crée, du moins visuellement, une pièce supplémentaire. En effet, les traverses horizontales forment une sorte de plafond qui fait oublier que l'on se trouve dehors : la frontière entre extérieur et intérieur est atténuée et l'impression d'espace augmente. De telles pergolas sont rarement indépendantes, surtout dans les petits jardins, trop exigus, et reposent donc rarement sur des poteaux. Souvent, l'une des extrémités de poutre est fixée dans un mur tandis que l'autre repose sur un pilier vertical délimitant l'espace couvert. Si le site s'y prête, on peut se passer de poteaux et installer les traverses entre le mur de la maison et celui de clôture ou bien entre deux murs de clôture.

Pergolas sur le toit

Parce qu'ils sont souvent exposés au vent et à l'immensité du ciel, mais aussi à la vue des voisins, les jardins suspendus ne sont pas toujours très chaleureux. L'installation d'une pergola conférera alors un peu plus d'intimité, tout en protégeant du soleil et du vent. Avant de vous lancer dans les travaux, vérifiez la solidité de votre toit car le poids d'une pergola peut s'avérer assez important (peut-être aurez-vous également besoin d'une autorisation administrative). Pensez aux montants en métal, moins lourds que ceux en bois, et si le toit est bordé de murs, il vous suffira de tendre du fil de fer ou des cordes pour créer un support pour plantes grimpantes.

« La **pergola** est un excellent support pour **plantes grimpantes.** »

Végétation

Qu'elle soit indépendante ou attenante à une maison, la pergola est un excellent support pour plantes grimpantes, d'autant plus que le soleil filtrant à travers le feuillage formera de très beaux effets de lumière. Les plantes adoucissent par ailleurs l'ensemble de la structure et protègent du soleil et des regards, ce qui est très appréciable dans les villes où les jardins sont souvent en vis-à-vis. Enfin, l'option des plantes grimpantes permet d'économiser de la place au sol. N'oubliez pas de prendre en compte le poids de celles-ci, notamment si vous envisagez de les faire pousser le long de simples fils de fer ou de cordes. Pensez aussi au volume du feuillage et à sa durée de vie qui influeront sur la quantité d'ombre. Les grimpantes persistantes procureront par exemple trop d'ombre en hiver, et vous ne profiterez pas de toute la lumière.

Dimensions

Dans les jardins urbains, souvent écrasés par les immeubles qui les entourent, les poutres d'une pergola peuvent atténuer cette impression désagréable et créer un lieu plaisant à regarder, mieux proportionné et accueillant. L'impression d'unité générale sera renforcée si le style de la pergola s'accorde avec celui de l'architecture environnante. L'un des avantages les plus pratiques de la pergola est qu'elle projette des ombres dont les motifs peuvent servir de base visuelle pour concevoir le reste du jardin. L'horizontalité peut, par exemple, être reprise dans des proportions similaires pour des surfaces dallées, gravillonnées ou plantées. Le tout contribuera à créer une certaine cohérence, toujours appréciable dans un petit jardin.

Contraste de couleurs (p. 188, en haut à gauche)
Pendant la floraison, les fleurs rouges de ce rosier grimpant contrastent avec le bleu turquoise de la pergola en bois toute simple.

Pergola de séparation (p. 188, en haut à droite)
De simples fils de fer suspendus et recouverts de vigne forment un cadre autour du salon de jardin. Au fond se trouve une terrasse pour déjeuner.

Pièce parfumée (ci-contre)
Cette pergola habillée sur toute sa largeur de *Trachelospermum jasminoides* parfumés apparaît comme une chambre de verdure.

Choisir une pergola

Il est essentiel de choisir un style de pergola cohérent avec l'atmosphère et le style des lieux. Comme on l'a déjà évoqué, les matériaux peuvent être traités de différentes manières pour obtenir des effets personnalisés. Le choix des matériaux et des dimensions est très large et dépend de la quantité d'ombre et de l'ambiance générale que vous souhaitez créer. Les poteaux de soutien doivent être construits dans un matériau suffisamment solide pour supporter le poids des poutres, mais d'un point de vue esthétique, il vaut mieux qu'ils soient moins massifs que les traverses.

Le bois est le matériau le plus courant. Utilisez le bois tendre en placage ou scié, selon que vous recherchez une texture lisse ou rugueuse. Le bois dur est bien plus cher mais plus durable. Tout type de bois peut être peint, teinté ou juste traité contre les intempéries. Vous pouvez sculpter les extrémités des poutres dans un style rappelant celui de la maison. On trouve également de nombreuses pergolas métalliques ; plus légères que celles en bois, elles ne créent pas une impression de séparation aussi forte. Utilisez du fil de fer ou de la corde de couleur vive que vous tendrez horizontalement entre deux murs.

« Les matériaux peuvent être traités de différentes manières pour obtenir des effets personnalisés. »

Végétation trop discrète Un feuillage plus étoffé serait le bienvenu sur cette structure métallique plutôt massive.

Toit tressé Cette couverture naturelle protège des intempéries tout en laissant passer la lumière.

Modernité Cette structure moderne sert de support aux plantes et laisse passer beaucoup de lumière.

Dominante bois
Pergola minimaliste mais qui fait son effet.

SOL

Dallage

De la même façon que le revêtement de sol des pièces du logement est assorti au décor de celles-ci, celui de votre jardin doit s'intégrer à son environnement. Le choix des matériaux s'effectuera donc en fonction de leur style, de leur coût et de leurs qualités fonctionnelles. L'un des types de surface les plus utilisés est le dallage, sous toutes ses formes. C'est une surface dure qui facilite l'installation de meubles ou de pots de fleurs, qui nécessite peu d'entretien et peut rester un élément neutre du décor ou bien devenir un élément décoratif à part entière.

Motifs

Avant même de choisir le matériau de revêtement, réfléchissez au motif de pavage que vous désirez, c'est-à-dire à la manière dont les formes des dalles s'agenceront et comment chacune d'elle s'insérera dans la configuration finale. Ne négligez pas ce point car un motif uniforme donnera un jardin radicalement différent d'un motif plus sophistiqué. D'une façon générale, on peut distinguer deux catégories : les motifs statiques et les motifs dynamiques. Les premiers retiennent le regard sur un point précis, tandis que les seconds le guident dans le jardin. Certains motifs ont pour effet de diviser l'espace en plusieurs parties, tandis que d'autres, souvent les plus riches en détails, retiennent l'attention sur l'ensemble. Un motif banal ou même inexistant fait ressortir les contours de la surface pavée et joue un rôle de toile de fond neutre par rapport aux autres éléments du jardin.

Allée pavée (ci-dessus) Allée droite en briques simples. La sensation de rythme continu est compensée par les briques de bordure qui ne sont pas posées dans le même sens.

Terrasse en béton coulé (ci-contre) Motifs arrondis de couleurs contrastées, réalisés en béton coulé.

Motifs dynamiques

Les motifs dynamiques sont ceux qui créent une sensation de mouvement attirant le regard. Dans un jardin classique de grande taille, il s'agit souvent des allées géométriques en dur, qui serpentent au milieu de la pelouse et de la végétation. Dans un petit jardin, les surfaces en dur recouvrent parfois tout l'espace disponible, la seule manière de créer une telle dynamique est liée à la façon dont le motif s'intègre dans la surface pavée ou à la fluidité avec laquelle les motifs se suivent et conduisent le regard.

Les motifs linéaires attirent le regard vers une jolie vue, un élément architectural ou bien quelque chose de plus fonctionnel, par exemple la porte d'entrée. Un motif statique est recommandé si la surface à paver ne comporte pas d'éléments décoratifs particuliers, comme par exemple la terrasse où vous mangez. Mais que vous choisissiez une conception statique ou dynamique, un simple motif bien proportionné par rapport aux autres éléments du jardin suffira à augmenter les dimensions apparentes de celui-ci. En revanche, une conception trop chargée créera un effet « fouillis » et ne fera qu'exacerber la petitesse des lieux.

Spirales de galets (ci-dessous)
Création originale et spectaculaire, mais peut-être trop riche pour un petit jardin.

Carrés statiques (en bas à gauche)
Arrangement ordonné de briques et de galets qui attire fortement le regard.

« Le matériau de pavage que vous choisirez dépendra du style du jardin. »

Sensation de calme (ci-contre)
Cette association de dalles et de pavés échantillons en granit est idéale dans un petit jardin.

Exemples de motifs

Ces exemples montrent combien l'agencement des pavés et les motifs qu'ils forment peuvent créer des effets différents.

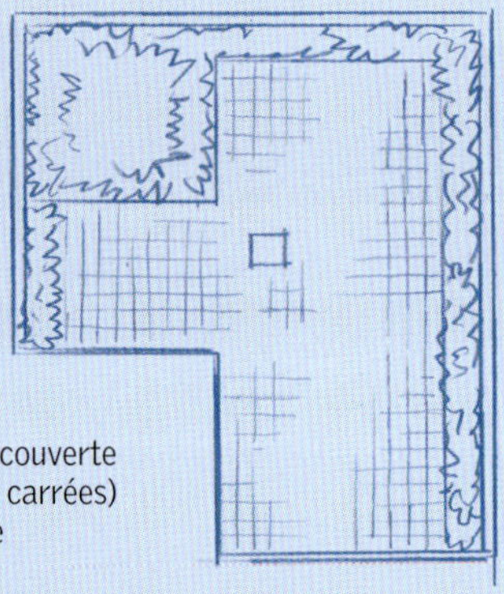

Motif carré
Terrasse entièrement recouverte de briques (ou de dalles carrées) et ornée d'une sculpture en son centre.

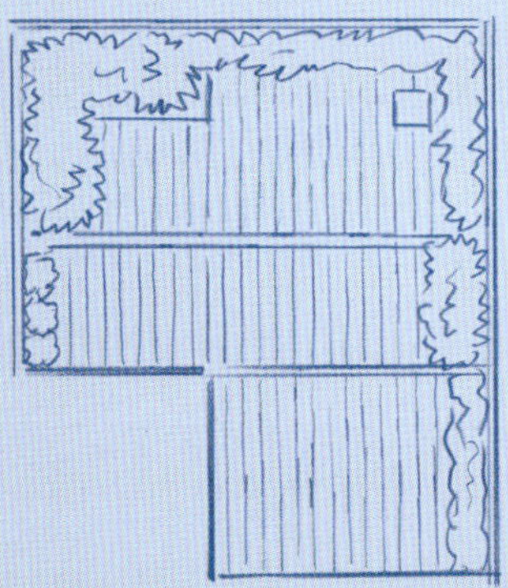

Dynamique horizontale
Motif régulier de briques entrecoupé de lignes horizontales en ardoise ou en granit, voire en pierre. La sculpture a moins d'impact visuel.

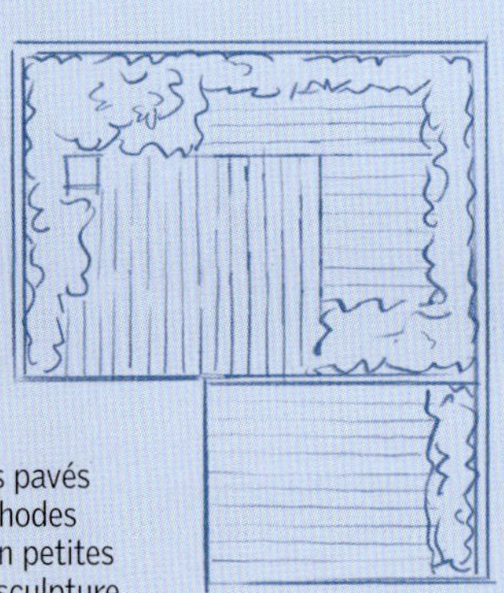

Espace divisé
L'utilisation de différents pavés et/ou de différentes méthodes de pose divise l'espace en petites « pièces ». Là encore, la sculpture joue un rôle secondaire.

Pose du dallage

Le matériau de pavage que vous choisirez dépendra de l'atmosphère et du style du jardin, ainsi que des matériaux disponibles dans votre région. Comparez leur texture et leur couleur. Une maison en briques dont le jardin est entouré d'un mur en briques et en bois sera sans doute mieux mise en valeur par une terrasse construite dans ces mêmes matériaux, alors que la pierre semblerait plus incongrue et surchargerait l'ensemble. En revanche, si la maison et le mur du jardin sont en pierre, l'idéal sera de construire une terrasse en bois et en pierre (voire en béton ou agrégat similaire) plutôt qu'en briques ou en carrelage, trop discrets visuellement.

Motifs de pavage
(de gauche à droite en partant du haut) Carrelage noir moderne, dalles carrées en pierre, dalles irrégulières en pierre, pavés échantillons en granit et bordure en pierre.

Choisir un dallage

Les matériaux locaux naturels sont généralement la solution la plus simple et la plus écologique. À la campagne, vous n'aurez sans doute pas de mal à trouver de la pierre locale, alors qu'en ville, on utilise plus souvent le béton et la brique. Les revêtements en béton sont très variables, depuis ceux qui ressemblent aux pavés en grès, jusqu'aux dalles toutes tailles et épaisseurs, pouvant atteindre la forme d'une traverse de chemin de fer. En règle générale, plus le matériau est simple et discret, plus l'effet esthétique sera réussi : un gros pavé rugueux peut sembler superbe à première vue mais donner un résultat désastreux une fois utilisé en masse. Le béton peut être coulé en œuvre puis brossé, avant qu'il ne prenne, pour en faire apparaître les granulats. Certaines briques sont spécialement conçues pour le pavage, mais vous pouvez aussi utiliser des briques mécaniques ou des briques de parement, ces dernières étant cependant plus friables. Les briques et autres matériaux tels que les pavés échantillons en granit ou les galets conviennent très bien aux surfaces de petite taille ou de forme irrégulière.

Comparez tous les matériaux de revêtement dont vous disposez et sélectionnez ceux qui contrasteront ou s'accorderont le mieux avec le reste du jardin. Un bon moyen de rendre un petit jardin homogène est de créer un lien entre les différents éléments et de paver le sol dans le même matériau que celui des murs de clôture. Pensez aussi au côté pratique : certains revêtements en béton lisse deviennent glissants en cas de pluie tandis que la brique offre une meilleure adhérence.

Illusion Pavés de béton aspect granit, obtenus par « pressage ».

Pavage irrégulier Motif irrégulier de dalles en pierre, mais « design ».

Motifs marins Décor original de coquillages en béton coulé.

llée en briques agencées de manière
imple.

Damier en béton Motif classique
en béton préfabriqué noir et blanc.

Chevrons Motif classique
en brique grise.

alles de pierres et gravier Les grandes pierres grises contrastent avec la finesse
u gravier multicolore, dont la présence freine l'apparition de mauvaises herbes.

Pierre et gravier Dalles irrégulières
en pierre sur gravier aggloméré
dans du béton.

Galets et béton Bordure composée de
galets incrustés dans le béton.

Revêtements souples

Les matériaux « souples » comme les graviers, les galets, les cailloux ou les morceaux d'écorce sont pratiques, polyvalents et visuellement attrayants. Ils sont moins chers et plus faciles à exploiter que les matériaux durs comme le ciment ou la pierre. C'est un compromis idéal entre une structure en dur pavée et une structure souple gazonnée ou plantée.

Éparpillés sans être tassés, les graviers et les galets sont parfaits pour les petits espaces trop difficiles à paver. L'inconvénient est qu'il n'est pas toujours facile d'y marcher et que le bruit des pas peut être désagréable ; d'un autre côté c'est une manière d'éloigner les rôdeurs. Ce type de revêtement présente également l'avantage de recouvrir des zones peu propices à la culture de plantes ou impossibles à paver, comme par exemple au pied d'un arbre. L'entretien se résume alors au ramassage des feuilles pour conserver un lieu impeccable.

Revêtement semi-dur

Il s'agit de gravier aggloméré dans une couche de gravier argileux (non lavé afin de conserver les traces d'argile). Ce type de revêtement convient parfaitement bien le long de la terrasse où vous mangez car, étant poreux, il absorbera les liquides que vous pourriez renverser. Dans les petits jardins urbains, vous obtiendrez un aspect net et impeccable en remplaçant les îlots de pelouse par des cailloux ou des graviers, qui demanderont moins d'entretien, s'abîmeront moins vite et seront moins ternes en hiver. Il est cependant conseillé de construire une bordure en brique ou une structure similaire pour bien délimiter les zones gravillonnées.

« Les graviers et les galets sont parfaits pour les petits espaces. »

Galets (à gauche)
Cette spirale ornementale est constituée de galets et de gravier.

Chemin pierreux (à droite)
Chemin composé de grands galets plats et bordé de briques.

Végétation sur sol souple

Les arbustes, graminées basses, bulbes annuels et plantes vivaces poussent très bien sur un sol recouvert d'une couche de gravier, de gravillons ou de petits galets d'environ 10 cm d'épaisseur. C'est un excellent substrat pour faire pousser des graines ; d'ailleurs, les jardins rocailleux sont principalement composés de couches de cailloux bien drainées (comme en montagne). Grâce à cette technique, vous pouvez cultiver des plantes en dehors des plates-bandes habituelles et former un lien plus naturel entre la végétation et les surfaces ou les allées en dur. Les lignes géométriques ainsi adoucies confèrent au jardin un style moins conventionnel, plus sauvage et plus aéré, tout en augmentant la taille apparente de l'ensemble.

Mélanges contrastés
Quelques exemples montrant que le choix des revêtements, des pierres et des plantes influence le résultat final.

Mélange de textures

Le gravier est un matériau utilisé depuis des siècles dans les jardins japonais. On le ratisse pour former des motifs abstraits symbolisant les vagues et les courants marins qui circulent autour de rochers moussus représentant des îles. Cette technique peut facilement être reprise dans un petit jardin et donner de très beaux résultats. Cependant, un entretien régulier, si ce n'est quotidien, est nécessaire pour refaire les motifs effacés par des traces de pas ou par la pluie. Tout aussi efficace et moins contraignant, vous pouvez opter pour des ensembles de gravier non ratissé et de galets agencés autour de rochers et de pierres : c'est un bon moyen de donner un intérêt esthétique abstrait à votre jardin. Les rochers en question sont généralement anguleux mais il en existe certains dont les formes ont été arrondies par l'érosion.

Pose du gravier

Les jardiniers français et italiens du XVIIe siècle utilisaient aussi le gravier entre les haies de buis qui séparaient les parterres géométriques. Cette méthode peut être reprise dans un petit jardin pour créer des zones plantées aux lignes droites bien distinctes. Différentes couleurs et tailles de graviers vous permettront de dessiner des motifs allant du damier classique à des conceptions plus abstraites et moins rectilignes. Les exemples ci-dessous présentent deux compositions très différentes pour un même jardin de petite taille. Les espaces gravillonnés doivent être séparés par de la brique ou des bandelettes de bois ou d'aluminium, la brique pouvant d'ailleurs être intégrée à la composition elle-même. Élément de décoration efficace, le gravier peut également servir à recouvrir un toit visible d'une fenêtre en hauteur ou pour égayer une arrière-cour trop sombre pour permettre aux plantes de pousser.

Mélange de couleurs
Vous pouvez diviser la surface en plusieurs parties et les recouvrir de graviers de différentes couleurs pour créer un motif abstrait dynamique.

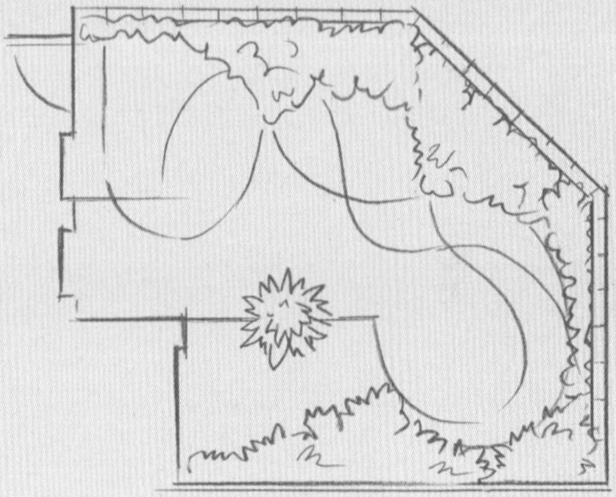

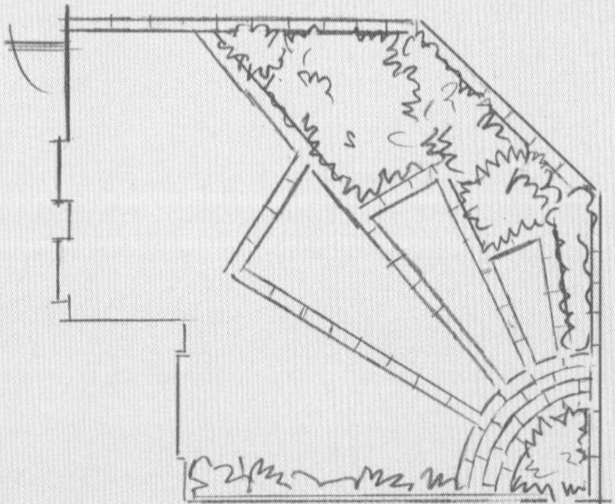

Motif rayonnant
Cet agencement radial des briques de pavage sur un sol de graviers est très original.

Effet damier (p. 204, en haut)
Le quadrillage en bois se compose de carrés de graviers alternant avec des carrés d'*Acaena* et de *Sedum* spp., deux plantes basses et compactes.

Succulent (p. 204, à gauche)
Le gravier grossier convient bien aux plantes très basses, comme ici une succulente, le *Sedum* sp.

Choisir un revêtement souple

De nombreux styles peuvent être créés selon la couleur et la taille des graviers et des galets que vous choisissez. Les premiers étant des éclats de roche naturelle, il en existe donc potentiellement autant de variétés que de types de roche, allant du blanc ou beige au noir, en passant par le rouge, le brun et le gris. La palette des couleurs n'est pas aussi large pour les galets de rivière et les galets marins, qui sont lissés et polis par l'eau. Les graviers et les galets peuvent être utilisés n'importe où, mais vous devez tenir compte de deux facteurs liés au climat : d'une part, que dans les régions où il neige en hiver, les graviers risquent d'être balayés si vous déblayez les allées enneigées ; d'autre part, qu'en cas d'ensoleillement intense, les gravillons clairs risquent d'être réfléchissants. Enfin, privilégiez les galets ronds si vous avez des enfants, car ils sont moins anguleux et donc moins dangereux.

La manière la plus économique de créer un revêtement est d'utiliser les matériaux extraits de la roche de votre région : pierres de carrière en zones montagneuses, galets sur le littoral ou en bord de cours d'eau. En ville, le gravier est amené de la campagne et donc les coûts sont variables. Graviers, cailloux, galets et morceaux d'écorces peuvent être utilisés avec des matériaux durs. Une surface gravillonnée au milieu d'un dallage en brique ou en béton adoucira l'ensemble et créera un beau contraste visuel.

Lorsque le gravier est répandu le long d'une surface en dur uniforme (pavés en béton, par exemple), l'ajout d'une bordure n'est pas nécessaire. En revanche, il en faudra une si la zone adjacente est gazonnée ou plantée, afin d'éviter que les deux surfaces ne se mélangent. Qu'elle soit en bois, en brique ou en béton, cette bordure doit être assortie au style du jardin ou même à un seul détail, comme par exemple un couronnement de mur.

Galets Les galets sont sans doute le type de revêtement souple le plus utilisé pour les chemins et les allées.

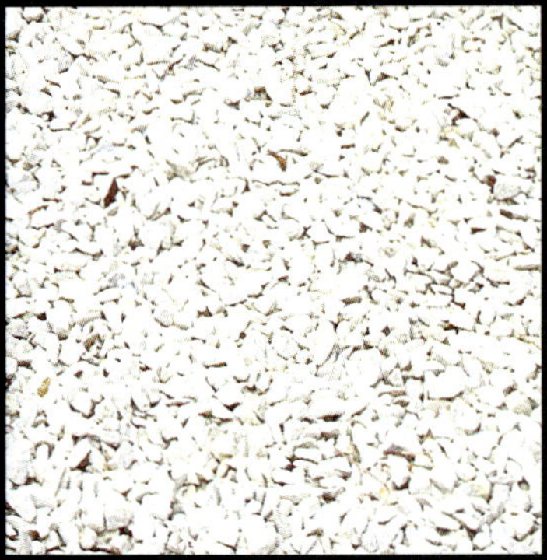

Gravier blanc Ce genre de revêtement peut être du plus bel effet mais s'avérer réfléchissant en plein soleil.

Traverses Pratique et esthétique, ce chemin composé de traverses en bois posées sur du gravier !

Cailloux grossiers Ces grands morceaux d'ardoise posés sur du gravier grossier semblent très naturels.

Nuances de rouge Le rouge est l'une des nombreuses couleurs du gravier. Ici, il va de pair avec la bordure.

Nuances de gris Le gravier gris est de plus en plus apprécié ; associé à des fibres et des matériaux naturels, il peut créer de superbes effets, comme avec ce siège en osier.

Chemin en ardoise Joli contraste entre la végétation et cet élégant chemin composé de grands morceaux d'ardoise grise, mais malheureusement difficilement praticable.

Bois Cet ensemble de lattes en bois clair est très réussi lorsqu'il est bordé de graminées, mais peut devenir glissant lorsqu'il pleut.

Paillis organique Les morceaux d'écorce forment un tapis naturel et moelleux pouvant accueillir des graines.

Toit-terrasse (ci-dessous)
Une terrasse en bois est idéale pour les jardins suspendus, comme ici, où elle est décorée de jardinières.

Allée en bois (ci-dessous à droite)
Le bois est utilisé comme bordure d'accès aux plates-bandes, mais risque d'être glissant en hiver.

« Une terrasse en bois offre le meilleur d'elle-même devant une maison à flanc de colline. »

Revêtements en bois

Encore peu répandue en France, la terrasse en bois, extrêmement courante aux États-Unis et dans plusieurs pays d'Europe, est une option architecturale qui mérite que l'on y prête attention. Comparable au balcon en bois, elle peut être attenante à la maison ou indépendante et transformée en jardin lorsqu'elle représente le seul espace utilisable.

Plancher surélevé (ci-contre) Sobres et élégantes, ces longues planches de bois surplombent un bassin, mais risquent de devenir relativement dangereuses.

Où poser un plancher ?

Une terrasse en bois offre le meilleur d'elle-même devant une maison à flanc de colline : élevée sur des piliers, elle prolonge l'étage vers l'extérieur tout en restant connectée au rez-de-chaussée par un escalier extérieur. Ce type de structure est souvent le seul moyen de construire un espace plat en dehors de la maison.

Autrefois, les maisons américaines étaient souvent édifiées avec une terrasse en bois sur pilotis, ce qui permettait d'aménager une cave au rez-de-chaussée. Aujourd'hui, de nombreuses maisons à demi-niveaux reprennent ce principe. Dans les deux cas, la terrasse prolonge l'étage et forme une véritable pièce à vivre extérieure. Quant aux terrasses de plain-pied, les Américains ont toujours privilégié le bois à la pierre ou la brique car c'est un matériau moins onéreux qu'en Europe, qui s'accorde bien avec le style des maisons, dont le toit se compose souvent de planches de bois ou de bardeaux. Les terrasses de plain-pied confèrent une belle unité au jardin si celui-ci est entouré d'une barrière en bois. Il n'est pas nécessaire de n'utiliser que le bois ; vous créerez de beaux motifs contrastés en juxtaposant un plancher avec des zones pavées de pierre ou de béton.

Le revêtement en bois est également appréciable au bord d'un plan d'eau, d'une piscine ou d'une fontaine ; dans les jardins suspendus, vous obtiendrez un joli parquet en juxtaposant des planches découpées en forme de dalles, pas aussi lourdes que le béton ou la brique. Les planches doivent cependant être disposées sur une ossature en bois, afin de faciliter l'évacuation de l'eau. L'idéal est d'utiliser un revêtement en bois dur car, contrairement au bois tendre, il n'a pas besoin d'être raboté pour pallier le risque d'écaillage, ni traité. L'autre inconvénient du bois tendre est qu'il sera souvent glissant par temps de pluie. C'est d'ailleurs la raison pour laquelle on trouve moins de revêtements en bois dans les pays à climat humide et encore moins dans les jardins des pays habitués aux hivers neigeux.

Antidérapant (en haut à gauche)
Les planches de bois ont été striées pour éviter de glisser.

Pratique (en haut à droite)
L'avantage du revêtement en bois est qu'il peut être posé par-dessus les racines apparentes des arbres, voire entourer un tronc d'arbre, à condition de prévoir assez de place pour que celui-ci continue de grossir.

Promenade circulaire (ci-contre)
Plateforme en bois autour d'un petit bassin d'eau claire, en pleine zone marécageuse.

Escaliers

Non seulement de nombreux petits jardins ne sont accessibles que par quelques marches, mais dans certains cas, ces marches *sont* le jardin. En plus de vous conduire d'un point à un autre, les escaliers peuvent être décorés pour ajouter du caractère à votre extérieur ou bien devenir un mini-jardin à eux seuls.

« ... faites comme si l'escalier était une sculpture. »

Champs de graminées (en haut) La largeur de ces marches irrégulières est dissimulée par les graminées décoratives qui poussent de chaque côté.

Double escalier (ci-contre) Les marches décoratives en gazon sont deux fois plus larges que celles de l'escalier d'accès en béton coulé.

Marches en granit (ci-dessous) Ces marches arrondies composées de pavés échantillons en granit forment un élément décoratif à part entière.

Escalier verdoyant
Cet escalier métallique sans contremarches est embelli par une série de buis taillés en topiaires.

Construire et décorer un escalier

En pot ou en jardinière, les plantes sont un moyen simple et efficace de décorer un escalier et d'associer la vitalité du feuillage et des fleurs à la dureté des matériaux de structure. Vous pouvez lui donner un coup de jeune en peignant les marches ou les murs voisins dans une couleur se mariant bien à l'environnement. L'ajout d'une rampe peut être utile et esthétique, notamment si l'escalier est raide, de même qu'un bon éclairage, qui sera par ailleurs plus sécurisant la nuit. Lorsque vous construisez un escalier neuf ou en remplacez un, demandez-vous si vous ne pourriez pas en même temps construire quelques marches dans le jardin pour niveler le terrain et créer une sensation de mouvement qui le fera apparaître plus grand qu'il ne l'est en réalité. Selon la forme générale des marches et l'angle qu'elles font avec les murs alentour, les effets seront très différents. Les trois exemples ci-contre conviennent à un escalier d'accès (à un étage par exemple) comme à un escalier d'ornement.

Exemples d'escaliers

Les escaliers proposés conviennent pour une entrée ou un changement de niveau dans le jardin. Chacun présente des angles différents qui les mettent en valeur.

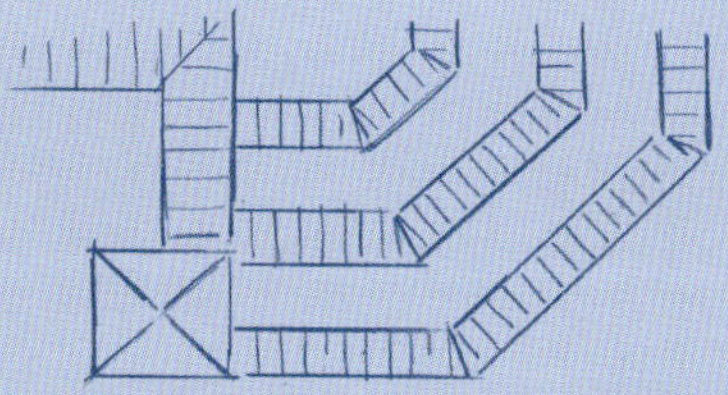

Un angle de 45° crée une sensation de mouvement latéral.

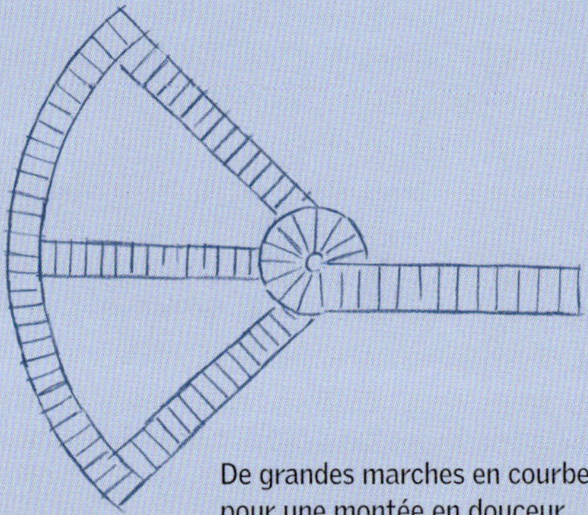

De grandes marches en courbe pour une montée en douceur.

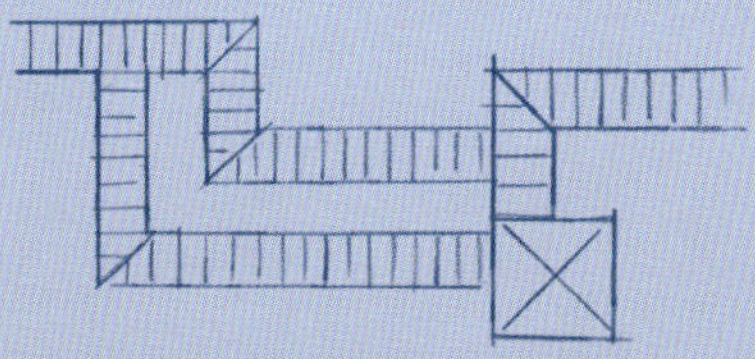

Un retour à 90° crée une sensation d'espace.

Simple et parfait (ci-contre)
Un modeste escalier métallique est parfait dans un endroit exigu.

Métal et bois (p. 215 à gauche)
Escalier métallique aux marches couvertes de bois.

Classique (p. 215 à droite)
Volée de marches en briques dans le jardin d'une maison de campagne.

Dimensions et matériaux

Pour monter ou descendre un escalier à un rythme tranquille, les marches ne doivent pas mesurer plus de 20 cm de haut et 50 cm de profondeur. Si l'escalier tourne ou change de direction, il faudra peut-être augmenter cette dernière, ce qui rendra l'allure du marcheur encore plus lente. Construites dans le même matériau que l'architecture environnante, les marches s'intégreront bien dans le décor et deviendront un élément décoratif du jardin ou de la maison. Cependant, il ne faut pas oublier le côté sécurité. La pierre et le bois sont, par exemple, très glissants lorsqu'il pleut ou qu'il gèle, tandis que les matériaux plus rugueux (briques de récupération, béton) ou le béton incrusté d'un matériau plus grossier, de type pierre, offrent une meilleure adhérence. Par mesure de sécurité, ne mettez pas de plantes dans un escalier d'accès.

Escaliers d'origine

Lorsque l'on divise une grande maison en plusieurs appartements, il arrive que l'escalier de service ou donnant sur l'arrière du bâtiment soit transformé en entrée principale et que l'ancien escalier principal devienne une entrée d'appartement bien trop grande. Vous redonnerez vie à un vieil escalier métallique en lui passant un coup de peinture ou en l'habillant d'une plante grimpante. Un escalier trop large sera réduit en y posant des pots de fleurs. Si le jardin de cette maison est également divisé en plusieurs parcelles, il se peut que vous héritiez de marches qui ne mènent plus nulle part. Faites comme si cet escalier était une sculpture et ornez-le de plantes ou transformez-le en banc pour attirer le regard.

L'eau

L'eau est un élément qui attire le regard de manière irrésistible et qui peut illuminer ou égayer le plus petit des jardins. Elle s'utilise sous de nombreuses formes et de manière plus docile que les plantes (dont la croissance n'est pas forcément prévisible), en ce sens qu'elle prend la forme de la structure architecturale dans laquelle elle est contenue. Tout plan d'eau doit être considéré comme un élément à part entière de l'architecture du jardin et dimensionné en fonction de la hauteur des clôtures du lieu.

Petit bassin (p.216)
Le moindre plan d'eau apporte un peu de lumière dans un recoin sombre.

Clapotis (ci-dessus à gauche)
Le bruit de l'eau est parfois reposant, mais parfois trop fort dans un jardin exigu (toutefois pas autant que les bruits de la ville).

Plantes exotiques (ci-dessus à droite)
En milieu tempéré, il n'est possible de cultiver une telle végétation exotique que si la petite mare est légèrement chauffée.

« Bien exploitée, l'eau saura accrocher le regard du visiteur, et même l'hypnotiser. »

Différentes utilisations de l'eau

Il va de soi que la quantité d'eau que l'on peut intégrer dans un jardin dépend de la taille de celui-ci. Cependant, il est assez facile de l'incorporer dans un élément du décor, et si la surface au sol est limitée, pensez à l'exploiter non pas de manière horizontale mais de manière verticale, sous forme de fontaine, pouvant aller du simple filet d'eau coulant le long d'un mur jusqu'à la véritable cascade. Certes, un plan d'eau peut sembler froid et sans attrait, mais bien exploitée, l'eau saura accrocher le regard du visiteur, et même l'hypnotiser. En plus d'être agréable à regarder, on oublie trop souvent que le bruit de l'eau qui coule, éclabousse ou clapote permet d'étouffer les bruits de la ville. En été, elle aura aussi un effet rafraîchissant. Quant à l'eau stagnante, elle joue un rôle de miroir dans lequel se réfléchissent les autres éléments du jardin. Recouvrez le fond du bassin de plastique noir pour obtenir des reflets plus intenses, ou d'un carrelage clair si vous préférez les atténuer et attirer le regard du visiteur vers le fond de l'eau plutôt qu'à la surface, ce qui ajoute une certaine profondeur au jardin. Enfin, les rayons du soleil qui dansent sur la surface de l'eau créent de petites taches rappelant les motifs du pop art, qui peuvent à leur tour se refléter sur les bâtiments alentour.

Bruit paisible (ci-dessus)
Ce jet d'eau multiple est aussi agréable à l'œil qu'à l'oreille.

Eau et hortensias (ci-contre)
Ce rideau d'eau donne un caractère magique à ces sublimes hortensias.

Les petites mares d'eau stagnante peuvent également servir de substrat pour la culture de plantes, soit directement dans l'eau, comme les nénuphars et autres espèces flottantes, soit sur le bord, comme les roseaux (voir le chapitre sur les plantes aquatiques page 336). S'il s'agit d'eau courante, d'une fontaine ou d'une cascade, la relation entre les plantes et l'environnement sera plus dynamique. Les plans d'eau peuvent être disposés à des hauteurs différentes afin de créer un lien visuel entre le niveau du sol et l'enceinte du jardin. Le regard sera alors attiré par le flux d'eau coulant d'un niveau à l'autre ou en cascade.

L'eau peut également être utilisée comme simple accessoire intégré à un élément architectural, tel qu'une cascade ou une série de petits bassins, indépendants ou reliés entre eux de manière dynamique. Dans tous les cas, étant donné le caractère extraordinairement attirant de l'eau, il est nécessaire que l'élément architectural soit visuellement assez esthétique pour ne pas se laisser dominer par l'eau.

Dalles flottantes
Ces dalles qui permettent de traverser le bassin ont été soigneusement posées sur des plinthes afin qu'elles aient l'air de flotter.

Bassin aux nénuphars La géométrie de ce bassin carré est adoucie par les nénuphars et par la pelouse qui le borde.

Rigole en verre Cet astucieux petit canal achemine l'eau depuis un bassin situé en amont.

Bassins d'ornement

Dans les petits jardins de ville, les bassins semblent souvent incongrus et peu à leur place. Bien que je n'aime pas beaucoup sortir de leur contexte naturel les jardins aquatiques japonais, il s'avère que leur manière respectueuse de considérer la nature s'adapte mieux en ville que les plans d'eau aux contours irréguliers que l'on trouve plutôt dans les jardins champêtres. En règle générale, à moins de maîtriser l'art de l'architecture paysagère, retenez que plus l'eau est exploitée de manière simple, plus l'effet est réussi. Ainsi, dans un jardin méditerranéen, un bassin peu profond, bordé de carreaux sculptés de poissons est un moyen simple et efficace d'aménager une petite cour. Mais pour ce genre d'effet, l'eau doit être parfaitement limpide, ce qui implique un entretien rigoureux. Vous trouverez dans le commerce de nombreux appareils de nettoyage automatique, plus ou moins sophistiqués, mais nécessitant tous les conseils d'un spécialiste.

Piscines

Dans une société où l'on fait de plus en plus attention à sa santé, les piscines pour la nage en longueur connaissent un véritable essor. Il s'agit de bassins uniquement conçus pour nager, et qui n'ont donc pas besoin de faire plus de 3 m de large, mais doivent faire au moins 7 m de long. Il est tout à fait possible d'installer une telle piscine dans un petit jardin, mais il ne restera pas beaucoup de place pour autre chose. Quelle que soit la piscine choisie, elle doit parfaitement s'intégrer dans la configuration du jardin. Or, bien souvent, la forme et la taille du bassin sont disproportionnées par rapport au reste du jardin. Évitez les piscines aux formes non conventionnelles, surtout appréciées de leurs fabricants : le jardin étant souvent géométrique, l'espace qui entoure ce genre de bassin n'est pas du tout mis en valeur et ne s'harmonise ni avec celui-ci, ni avec le reste du jardin. Vous pouvez aussi opter pour un bassin de type piscine de relaxation (c'est-à-dire un bassin plus petit mais suffisamment large pour y plonger l'ensemble du corps et se détendre), autour duquel vous pourrez réunir vos amis en été. Équipé d'une machine à vagues, vous pourrez même y nager à contre-courant. Encore plus petit, le jacuzzi et le bain bouillonnant (ou les deux en même temps) peuvent être installés dans un coin abrité, voire à proximité de la maison pour également en profiter l'hiver : s'immerger dans un bain d'eau chaude alors que la température extérieure est négative procure une étrange sensation tonifiante.

Pour garder une eau propre et éviter de dépenser trop d'énergie à produire de la chaleur, il est impératif de recouvrir le bassin d'une bâche.

Petits bassins (ci-dessus)
Un bain bouillonnant ou une piscine de relaxation trouveront toujours leur place dans un petit jardin. Ils en deviennent le centre d'intérêt autour duquel il est agréable de se retrouver.

Mare ronde (ci-contre)
Petit miroir d'eau circulaire qui sera apprécié des oiseaux et des jeunes têtards en pleine croissance.

MOBILIER

Pots et jardinières

Les pots et les jardinières sont des éléments incontournables qui donnent du style à votre espace extérieur. Je n'utilise pas le mot jardin car ils peuvent également être employés pour décorer les toits, les terrasses, les balcons ou les bords de fenêtre, sans oublier le sol.

Contemporain ou classique ? Simple et moderne ou bien d'époque et décoratif, qu'est-ce qui convient le mieux chez vous ?

Comment utiliser ses pots ?

La forme des pots, leurs couleurs et les motifs qui les ornent donnent du style à votre jardin ; mais si celui-ci est petit, leur emplacement est également déterminant car ils peuvent devenir des éléments sur lesquels se focalise le regard. Par ailleurs, ils représentent souvent la seule possibilité de cultiver des plantes dans un endroit exigu ou difficile d'accès.

On associe souvent l'image de la jardinière aux vasques débordant de fleurs annuelles très colorées dans les jardins méditerranéens. Pourtant, la relation entre un pot et la végétation qu'il contient peut être tout à fait différente : le pot idéal peut très bien ne pas contenir de fleurs et être très décoratif. Au XVIIIe siècle, comme en guise de faîteau, les murs étaient ornés d'urnes contenant de grandes plantes qui estompaient totalement la frontière entre récipient, végétation et sculpture. Avant de choisir un pot, un bac ou une jardinière, sachez ce que vous souhaitez mettre en valeur : le contenant ou le contenu ? Une belle jarre à huile se suffit à elle-même et n'a pas besoin de plantes pour être agréable à regarder. Recherchez-vous un pot quelconque pour y planter de belles fleurs, ou un pot aussi ornemental que les plantes ? Quelles que soient vos préférences, l'important est que le résultat visuel soit équilibré.

Tulipes (ci-dessus)
Bel assortiment de tulipes dans des pots lisses et galvanisés.

Plantes aromatiques (ci-contre) Ces trois pots argentés contenant de la lavande sont du plus bel effet sur un petit banc.

Taille et style

Pensez également à la manière dont la forme et le style d'un récipient s'harmoniseront avec celles des autres éléments du décor. L'agencement doit être en accord avec le style général du jardin. Si le décor le permet, une disposition pêle-mêle pourra être du plus bel effet, mais attention, la limite entre pêle-mêle et fouillis est très ténue. Même en pierre reconstituée ou en fibre de verre, une urne de style classique est un objet impressionnant qui n'aura peut-être pas sa place dans un jardin modeste. Ainsi, un pot disproportionné au reste du décor ou ne correspondant pas au style général peut complètement gâcher l'ensemble.

Cache-pots (ci-dessus) Ces pots en acier inoxydable ne sont que des cache-pots isolant les graminées et facilitant la replantation saisonnière.

Pêle-mêle charmant (ci-contre) Plantes judicieusement choisies pour ces pots en terre cuite. Attention à ne pas laisser l'ensemble se transformer en jungle.

Matériaux

Pierre naturelle ou pierre reconstituée (c'est-à-dire des roches broyées puis mélangées à du ciment ou de la résine avant d'être moulées), terre cuite, bois, céramique et parfois ardoise sont quelques-uns des matériaux avec lesquels on fabrique des pots. Le béton (de préférence à texture granuleuse), le métal et une grande variété de matériaux synthétiques comme la fibre de verre ou le plastique conviennent également si le décor s'y prête.

Si vos pots doivent rester dehors toute l'année, surtout dans les régions froides, il est recommandé de choisir un matériau résistant au gel (par exemple, la pierre). La plupart des plantes s'adaptent à tout type de récipient, à condition que le compost soit de bonne qualité et que l'arrosage soit adapté. Par conséquent, vous pouvez choisir les pots et les fleurs qui se marient le mieux au style du jardin. Ainsi, les formes fantaisistes des yuccas ou des cactus seront mieux mises en valeur dans une jardinière moderne aux lignes épurées que dans un pot quelconque.

Choisir un pot

Le choix des pots peut être déterminé par leur prix, mais nombreux sont les jardiniers amateurs qui n'hésitent pas à investir une certaine somme dans ce type d'objet. En effet, pourquoi ne pas se laisser tenter par une belle urne pour en faire un élément décoratif permanent ? En revanche, quel est l'intérêt d'acheter un pot de style florentin si c'est pour le dissimuler sous une masse d'impatientes, alors qu'un simple récipient en terre cuite moins onéreux ferait tout aussi bien l'affaire ?

Si vous souhaitez rentrer vos pots en hiver ou les changer de place au cours de la saison, n'oubliez pas que leur poids à vide sera nettement alourdi par la terre et le compost chargés d'eau. Par ailleurs, assurez-vous que les bacs de fleurs ne pèsent pas trop lourd sur le toit ou le balcon. N'hésitez pas à contacter un spécialiste en cas de doute ou optez pour des bacs plus légers que vous placerez en bordure de toit plutôt qu'au centre, afin que leur poids soit réparti sur les murs (attention au risque de chute en cas de vent violent).

Agencer les pots

Les plantes sont des êtres vivants qui respirent et qui ont besoin d'être soignés. Placez vos pots dans un lieu suffisamment éclairé et facile d'accès pour les entretenir. Ceux situés sur un toit ou sur un rebord de fenêtre exposés au soleil auront peut-être besoin d'un arrosage plus fréquent, voire d'un système d'irrigation automatique.

Rangée de buis Très belle rangée de grands bacs métalliques carrés contenant du buis taillé qui cachent la clôture de ce petit jardin.

Gros plan sur les pots

Les pots et les jardinières sont un moyen original, astucieux et subtil de donner vie au plus petit ou au plus irrégulier des jardins. Un récipient seul peut devenir un point de repère accrochant le regard, tandis qu'un assortiment de pots formera un mini-jardin devant la porte. Sachez que n'importe quel récipient peut servir de pot (à condition de prévoir un trou pour l'écoulement de l'eau). Par conséquent, vous n'êtes pas obligé de vous limiter aux pots vendus dans le commerce ; au contraire, vous pouvez laisser parler votre imagination, et pourquoi pas, utiliser une mitre de cheminée ou de vieux souliers.

Dans les régions méditerranéennes ou au Mexique, on n'hésite pas à décorer les rebords de fenêtre, les pas de porte, les allées et les courettes de toutes sortes de récipients, boîtes de conserve ou casseroles garnis de plantes très colorées. Quelques exemples originaux sont présentés page ci-contre.

Lis en pots de verre
(p. 231, en haut à gauche)
Quel que soit le type de pot (ici, en verre) dans lequel on les trouve, les lis font partie de mes plantes préférées car ils développent un port élégant et sentent délicieusement bon.

Pots de fleurs classiques
(p. 231, en haut à droite)
Les jacinthes sont idéales pour embaumer le jardin au début du printemps. Ici, elles sont plantées dans une série de pots en terre cuite disposées autour d'un *Lonicera fragantissima.*

Mélange des genres
(p. 231 en bas à gauche)
De bons pélargoniums poussent dans n'importe quelles conditions, même dans des pots en métal galvanisé fixés sur une palissade en plein soleil.

Buis décoratifs
(p. 231 en bas à droite) Les pots peints en blanc rendent cette série de buis taillés en topiaires très harmonieuse.

« Pensez également à la manière dont la forme et le style d'un récipient s'harmoniseront avec celles des autres éléments du décor. »

Éléments sculpturaux

Un petit jardin doit posséder un élément qui ponctue le site et sert de point de repère. Un plan d'eau, un banc ou même une statue feront l'affaire, mais si ces éléments ne sont pas intégrables dans votre jardin, il va falloir être plus imaginatif.

Dans un jardin moderne, il pourra s'agir d'une sculpture ; dans un jardin classique, d'une statue. Mais généralement, c'est quelque chose d'intermédiaire qui est recherché car une véritable sculpture est souvent trop chère et une statue trop imposante. On peut alors opter pour un pot ou un ensemble de pots, une jardinière plantée, quelques rochers, une fresque murale décorative, une niche dans un mur, ou encore un simple point de vue, même à travers une fenêtre que vous aurez peinte sur un mur. Quel que soit votre choix, l'objectif est d'accrocher le regard et de donner sa raison d'être à la configuration ou à la végétation du jardin.

Serpent (en haut)
Les enfants apprécieront sûrement ce serpent fabriqué avec des tuiles.

Coq en métal (ci-contre)
Ce charmant animal peut ajouter la note qui manque à un petit jardin : un peu d'humour ne fait jamais de mal !

Disques en cascade (p.233)
Ces disques aux contours évoquant des coquillages oscillent sous le poids de l'eau, dans un mouvement gracieux et un doux clapotis.

« Un petit jardin doit posséder un élément qui ponctue le site. »

Fonction sculpturale

La plupart des gens n'osent pas choisir des éléments de décor très audacieux ; de fait, la plupart de ceux-ci ne s'imposent pas suffisamment au regard ou sont dissimulés par la végétation. Souvent, c'est parce que l'objet en question n'est pas assez surélevé et donc peu visible lorsque l'on est assis ou que l'on se trouve à l'intérieur de la maison. Or, un élément décoratif doit s'imposer c'est-à-dire être correctement placé ou bien équilibré par rapport aux autres éléments du jardin (arbres, banc ou même maison voisine), mais sans être forcément dominant. C'est là le secret d'un agencement réussi. Autrefois, l'élément central le plus courant était une statue installée en plein milieu du jardin, mais aujourd'hui, la géométrie des terrains est de moins en moins adaptée à ce genre d'ordonnancement classique. Ainsi, un élément décoratif pourra très bien être placé sur le côté pour créer une impression de mouvement, même dans un petit jardin.

Une question de proportion

En règle générale, plus l'objet est gros, plus il a d'impact visuel : c'est un point de repère qui guide le regard depuis la maison. Ceci est encore plus important si le jardin est relativement petit ou difficile d'accès et qu'on se contente donc de le regarder de l'intérieur de la maison. Vous pouvez cependant y placer une belle sculpture ; éclairée la nuit, elle donnera une nouvelle dimension à l'intérieur de votre maison et renforcera le lien entre intérieur et extérieur.

Choisir une sculpture

Il n'est pas rare que l'on choisisse une sculpture trop petite et qu'une fois installée dans le jardin, on se rende compte que quelque chose ne va pas. Alors on rajoute un pot, puis un arbuste pour tenter de la mettre en valeur, mais au final, le regard est attiré par un groupe disparate d'éléments et l'objectif de départ n'est pas atteint. Il est vrai qu'il n'est pas facile de choisir une statue dans un magasin, loin du jardin. Commencez donc par essayer de déterminer la hauteur et la largeur maximum que pourra faire la sculpture, cela vous aidera à trouver les proportions idéales.

Soleil d'acier (à droite) Cette surprenante sculpture en acier inoxydable poli scintille à la lumière.

Penseur (p. 234 en haut à gauche) « Contemplation paisible » en fibre de verre

Sinuosité (p. 234 en haut à droite) Ce marbre blanc voluptueux forme une superbe sculpture au centre de la terrasse.

Visages (p. 234 en bas) Très belle association entre le minéral et le végétal avec ces têtes qui surgissent au milieu de feuilles de lotus.

Éclairage

Le plaisir que vous procure votre petit jardin sera encore plus grand avec la mise en place d'un éclairage extérieur. Les soirs de belle saison, vous pourrez alors y manger, lire ou juste flâner, et si l'une des pièces de la maison donne sur le jardin, vous profiterez d'une vue nocturne tout au long de l'année ; que vous soyez à l'intérieur ou à l'extérieur, vous aurez l'impression que l'espace est plus grand qu'en réalité. L'éclairage extérieur est particulièrement utile l'hiver lorsque la nuit tombe tôt, mais aussi l'été, quand la chaleur de la journée vous donne envie d'apprécier les soirées plus fraîches. Même si le soleil se couche tard, un léger et subtil éclairage artificiel modifiera l'atmosphère du dîner ou d'un moment de détente sur la terrasse et vous en profiterez jusqu'à ce qu'il fasse nuit noire.

Joindre l'utile à l'agréable

Beaucoup de gens se contentent d'éclairer l'extérieur de leur maison au moment de Noël, mais pourquoi ne pas le faire tout au long de l'année ? Vous pouvez par exemple éclairer le feuillage d'un arbre, un pot de fleurs ou une statue, même en hiver et sous la neige. Faites ressortir les éléments du décor, surtout s'ils sont difficilement accessibles. Si vous vivez à la campagne, l'éclairage renforcera l'immensité de la nature se trouvant au-delà du jardin. Certaines formes d'éclairage sont plus fonctionnelles que décoratives, comme par exemple les lampes éclairant le devant du garage, la porte d'entrée ou un escalier, et toute autre forme d'éclairage de sécurité.

Belle association (ci-contre)
Des spots permanents mettent en valeur le feuillage des plantes tandis que des lanternes placées çà et là contribuent à créer une certaine ambiance.

Spirale (ci-dessus)
Les spots enterrés nous attirent irrésistiblement vers le centre de ce muret en spirale sur lequel on peut s'asseoir.

Concrétiser ses envies

Déterminez ce que vous souhaitez mettre en valeur et avec quels effets de lumière. Soyez pragmatique : une lumière tamisée est certes très agréable, mais elle ne suffira pas pour faire un barbecue ou même boire un verre. Ce genre d'activité nécessite un éclairage aussi bon que celui des allées et des escaliers. Placez la source lumineuse près de l'endroit à éclairer, assez bas pour ne pas créer un effet glauque. Les appliques murales seront parfaites. Pour lire ou manger dehors, une simple lampe d'extérieur posée sur la table suffira. Installez des prises électriques (avec clapet de protection) en plusieurs endroits pour pouvoir changer la lampe de place. Enfin, pour les occasions spéciales, rien ne vaut le scintillement des bougies : en laissant l'intérieur de la maison allumé, vous aurez suffisamment de luminosité.

Après la pluie (ci-dessus)
Le feuillage des plantes et le bassin de cette petite terrasse sont superbement mis en valeur par la lumière des lampes qui se reflète dans les surfaces mouillées.

Lumière douce (p. 239, à gauche)
Un agencement judicieux de plusieurs lampes de faible puissance confère une agréable lumière au jardin.

Lampes bornes décoratives
(au milieu en haut)
Ces petits lampadaires en acier inoxydable sont pratiques la nuit et aussi décoratifs le jour.

Éclairage de sécurité
(au milieu en bas)
L'éclairage des marches doit absolument être uniforme, de manière latérale ou centrée, comme ici.

Mini-spots (en haut à droite)
Les spots encastrables dans le sol sont de plus en plus en vogue, une manière originale d'éclairer une allée ou un chemin.

Spots (en bas à droite)
Niché au milieu de la végétation, un spot projettera de superbes ombres.

Choix de l'éclairage et installation

Achetez des modèles fonctionnels s'accordant bien avec le style du jardin ; en cas de doute, optez pour quelque chose de simple, solide et esthétiquement neutre. Il est impératif de choisir des modèles spécialement conçus pour l'extérieur et de les faire installer par un spécialiste. Il est plus simple de les raccorder au circuit électrique de la maison que de s'embarrasser à installer un réseau électrique propre au jardin. Les lampes, les câbles et les prises doivent être protégés de l'humidité et gainés pour parer les éventuels coups de fourche ou de bêche.

Tissus

Dans un grand jardin, les plaids, les coussins des chaises, le parasol ou encore l'auvent passent quasiment inaperçus au milieu de la végétation et de l'espace environnant. Mais dans un jardin plus petit, ces objets en tissu ont un véritable rôle à jouer car ils apportent une touche de douceur et de confort qui compense le manque de végétation, tout en transformant le jardin en une pièce chaleureuse et accueillante.

Harmonie (ci-dessus)
La nappe en tissu et les coussins adoucissent ce salon de jardin.

Voile triangulaire (ci-contre)
Ce triangle de tissu très design procure de l'ombre au milieu de la végétation luxuriante.

Structures et mobilier

Un « toit » en tissu de type auvent vous protégera des rayons du soleil et vous fera oublier le gris du ciel, tout en vous abritant des regards si votre jardin est situé au milieu d'immeubles. On trouve dans le commerce des auvents standard vendus en kit, à fixer sur un mur ou sur une ossature indépendante. Si votre jardin est de forme irrégulière, vous devrez peut-être recourir au sur mesure. Vous pouvez aussi en fabriquer un vous-même en fixant une toile sous les poutres d'une pergola. Dans un petit jardin, un grand parasol est également un moyen de créer un « toit » éphémère, avec l'avantage d'être déplaçable selon les besoins, au-dessus d'une table ou d'une chaise longue, puis facilement replié et rangé. Pensez aussi aux « murs » de tissu (de type abri de plage) qui vous protégeront des regards et du vent.

Selon la saison, l'ajout de plaids, de coussins, de tapis et de nappes peut faire plus d'effet que la végétation. En été, un tapis et quelques coussins posés sur le sol du balcon, du toit ou de la terrasse suffiront à créer un lieu de détente confortable et chaleureux.

Petit air de Provence (ci-dessous)
Tout le confort intérieur à l'extérieur. Le style provençal met bien en valeur le jeu des ombres sur les murs.

Effet instantané (à droite)
Un simple parasol blanc peut faire beaucoup d'effet. Une fois ouvert, il invite à venir s'asseoir à la table.

Choisir un tissu

Les tissus utilisés en extérieur doivent être solides, de préférence lavables et assortis au style du jardin. Les tissus à motifs sont moins salissants que les tissus unis et donc plus appropriés en ville, compte tenu de la pollution.

Prenez des échantillons de tissu et faites le tour du jardin pour voir s'ils conviendront mieux pour un parasol, un coussin, etc., selon le style alentour et le mobilier. Pour un auvent, utilisez une toile épaisse de type jute ou toile à voile pour le côté exposé aux intempéries et doublez-la ou festonnez-la légèrement avec un tissu plus fin pour obtenir une sorte de tenture exotique rappelant les tissus bariolés, brodés ou incrustés de petits miroirs, que l'on voit souvent sur les peintures indiennes ou perses.

Auvent permanent (à gauche)
Un simple auvent comme celui-ci peut rester en place tout l'été. Sa taille est bien proportionnée à celle du mur.

Une touche de jaune (à droite)
Ces chaises « réalisateur » en tissu jaune apportent une note de gaieté même à l'ombre d'un grand parasol.

Meubles sculptés (p. 244)
Ces beaux fauteuils Adirondack sont très décoratifs et imperméabilisés pour rester à l'extérieur en toute saison. Et en plus, ils sont confortables !

Sièges moelleux (à droite)
Tous ces sièges (fauteuil de balcon en métal léger, chaise longue ombragée de forme rectiligne, banc de jardin classique) sont mis en valeur par des coussins.

Mobilier mobile

Quelle que soit la taille de votre jardin, le mobilier doit être complètement intégré à l'ensemble, et non ajouté après-coup. Il est particulièrement important de penser au mobilier lorsque l'espace est limité, et ce dès le début. Soyez pratique : voulez-vous travailler ou écrire dehors ? Avez-vous besoin de meubles solides sur lesquels vos enfants pourront grimper ? Voulez-vous installer un banc à l'ombre, ou bien une table pas trop loin de la cuisine pour y préparer vos repas ?

« Il est particulièrement **important** de penser au **mobilier** dès le début. »

Formes et couleurs

La manière dont la forme et la taille d'un ou plusieurs meubles s'intègrent dans le jardin est aussi importante que la façon dont vous agencez vos plantes. Ne prenez pas seulement en compte l'aspect fonctionnel du mobilier, pensez aussi à regarder si sa forme et ses couleurs sont assorties au jardin et à la maison. Il est important de savoir si les meubles sont destinés à rester dehors toute l'année (dans ce cas il s'agira d'éléments intégrés à l'architecture du jardin), ou bien à n'être utilisés que de façon temporaire, par exemple pendant la belle saison, ou pour une occasion spéciale. Le mobilier permanent devra être parfaitement ancré dans son environnement et être bien proportionné par rapport au jardin. Généralement, la manière la plus simple d'atteindre cet objectif est d'opter pour des meubles encastrés dans l'architecture. Un meuble qui accroche le regard peut devenir un élément décoratif à part entière et même inspirer le choix de matériaux et de motifs d'agencement dans le reste du jardin. Quant aux meubles que vous ne sortez qu'occasionnellement, ne les disposez pas n'importe comment et pensez, une fois remisés, à nettoyer l'endroit où vous les aviez installés (terrasse). Vous devez visualiser l'aspect de votre jardin avec le mobilier mais aussi sans.

Ne séparez pas le côté confortable et pratique du côté esthétique, même si dans le commerce, cette dissociation est courante. Prenez le temps de chercher des meubles aussi fonctionnels que décoratifs. Les coussins aux couleurs criardes et aux motifs confus passent bien dans un jardin en plein soleil ou situé devant une mer bleu azur, mais sont totalement déplacés et incongrus dans l'atmosphère grisâtre d'un jardin de banlieue. Observez comment la lumière du jour peut modifier la couleur des meubles. Pour ma part, cela fait des années que j'expérimente diverses nuances de bleu dans mon jardin.

Choisir un style

Quelle est donc la meilleure solution ? De même que les courbes organiques, les meubles fabriqués en matériau naturel puis tapissés de tissu de couleur neutre conviennent généralement le mieux dans les jardins de style sauvage. Cependant, cela ne signifie pas que ce style « naturel » conviendra à celui de votre jardin ou à l'architecture de votre maison, sa décoration et ses meubles intérieurs. Chaque matériau possédant son propre caractère, une chaise en métal de style épuré et froid peut très bien s'intégrer à l'atmosphère d'un balcon de ville et faire écho à la décoration chic de la pièce attenante.

Lien visuel

N'hésitez pas à investir dans un fauteuil de belle facture s'il peut devenir un élément décoratif créant un lien entre l'intérieur et l'extérieur. Une telle continuité visuelle est très importante dans les petits jardins. On peut la renforcer en choisissant un mobilier d'extérieur similaire à celui de l'intérieur ou en choisissant des tissus de revêtement aux textures et couleurs assorties. Lorsque vous installez vos meubles dehors, vous devez également penser à la façon dont vous les verrez de l'intérieur.

Coquille de moule
(en haut à gauche)
À la fois sculpture et banc, ces deux merveilleuses ellipses peuvent servir de motif de base à la conception du jardin.

Mobilier d'été (ci-contre)
Salon de jardin classique en rotin, à l'ombre d'un arbre.

Invitation à s'asseoir (p. 246)
Ce banc de parc aux formes arrondies est très relaxant pour le dos mais aussi très élégant.

Confort

Choisissez des meubles fonctionnels et agréables à regarder. Une chaise de repas doit être équipée d'un bon dossier et être de hauteur et d'inclination adéquates par rapport à la table, tout en étant assez confortable pour s'y laisser aller pendant les longs repas d'été. Les chaises en fer forgé ou en aluminium sont rarement confortables, contrairement aux fauteuils en toile ou aux simples chaises de cuisine en pin.

Côté chaise de lecture, un fauteuil baquet est idéal ; même une balancelle (que personnellement je trouve plutôt laide) est indéniablement confortable mais impossible à ranger en hiver. Les chaises pliantes ont l'avantage d'être légères et faciles à manipuler en cas de visite impromptue, mais elles ne sont pas du tout adaptées à la détente. Les transats de plage sont plus pratiques, confortables et esthétiques ; en revanche, les chaises longues munies de roues, de poignées et d'un dossier réglable ont l'inconvénient de prendre de la place et de nécessiter beaucoup de patience avant de trouver la bonne position. Les bords d'une petite piscine sont bien mieux mis en valeur par un mobilier simple que par des chaises sophistiquées et encombrantes. Essayez de trouver des meubles qui correspondent à votre style de vie, même si, à mon avis, peu sont vraiment adaptés. Leur style oscille souvent entre une élégance empruntée et un charme rustique mais désuet.

Détente estivale (en haut)
Ces chaises sont parfaites pour l'été, mais où allez-vous les ranger en hiver ? Un tissu imprimé protégera les coussins des traces de transpiration.

Confort léger (ci-dessus)
Table et chaises de pique-nique faciles à transporter et suffisamment robustes pour être confortables.

Matériaux

Régulièrement entretenu, le bois résistera au soleil, aux précipitations et au gel pendant des années. C'est aussi le matériau le plus facile à travailler pour construire des meubles soi-même. Laissé au naturel et seulement recouvert d'un vernis de protection transparent, il s'intègre bien dans le décor du jardin. Peint, il peut apporter une nouvelle dimension et mettre en valeur la couleur d'un mur ou d'une porte se trouvant à proximité.

Le métal se prête bien aux designs modernes mais ne résiste pas à l'humidité. À moins d'être plastifié, il faut le repeindre régulièrement pour l'empêcher de rouiller et d'avoir l'air mal entretenu. Le plastique, lui, ne nécessite pas d'entretien et supporte n'importe quel climat et n'importe quel degré d'ensoleillement, ce qui est idéal pour le mobilier que vous changerez souvent de place. Le plastique a cependant un inconvénient, celui de ne pas très bien vieillir, contrairement aux matériaux plus nobles comme la pierre.

Chaise pliante (ci-dessous)
Les chaises pliantes sont légères et parfaites pour les petits jardins, à condition d'avoir un endroit pour les ranger en hiver.

Banc (en haut)
Un banc quelconque suffit pour poser des pots de fleurs ou s'asseoir.

Chaise solide (ci-dessus)
Chaise robuste pour long repas d'été.

« Optimiser l'utilisation de l'espace. »

Mobilier décoratif et confortable (ci-dessous) Une table et un banc encastré permettent de gagner de la place dans les petits jardins, mais il faut aussi qu'ils soient confortables. En hiver, on peut les décorer de pots.

Dimensions larges (p. 251) Lorsque vous fabriquez un meuble, prévoyez-le assez large, comme le banc présenté, afin de pouvoir y poser un plateau, un matelas pour s'allonger ou pour pouvoir y manger.

Mobilier intégré

Les meubles intégrés dans l'architecture du jardin (c'est-à-dire fabriqués dans un matériau qui se fond dans le décor) permettent d'optimiser l'utilisation de l'espace, tant sur le plan visuel que sur le plan fonctionnel. Visuellement, ils offrent au regard un petit espace harmonieux qui semble plus grand qu'il ne l'est. D'autre part, cela vous évite d'avoir à sortir une table et des chaises, souvent à la va-vite, et résout le problème du rangement. En effet, même petites, une table et une chaise ont besoin d'un espace de rangement d'au moins 2 m, ce qui est parfois considérable dans les jardins les plus exigus.

Utiliser ce qui existe déjà

Les structures d'origine peuvent avoir une double fonction et être, par exemple, transformées en siège. Vous pouvez rehausser le mur bordant un bassin ou construire un muret autour d'un parterre pour vous y asseoir ou y poser des pots de fleurs. Les dalles de brique ou de béton qui ont été surélevées pour créer des motifs intégrés à l'agencement du jardin peuvent servir de table basse ou de banc et se fondre naturellement dans le décor. Dans un petit jardin, les arbres les plus anciens prennent souvent beaucoup de place par rapport au reste ; profitez-en pour accrocher un hamac ou un système d'éclairage, vous économiserez de la place au sol. Vous pouvez aussi suspendre une balançoire à une branche épaisse ou encourager vos enfants à construire une cabane, ils seront ravis. Ces constructions seront ensuite faciles à démonter lorsque les enfants auront grandi. Si vous souhaitez construire un terrain de jeu plus durable, pensez à la manière dont vous pourrez le réutiliser dans quelques années. Un bac à sable pourra par exemple être surélevé pour devenir un bassin dont le rebord servira de banc.

Matériaux

Pour garantir une certaine homogénéité, choisissez des matériaux assortis au style du jardin. Si vous optez pour le bois, privilégiez le bois dur, moins susceptible de se fendiller que le bois tendre. Le béton est bon marché et durable mais froid. On peut cependant le rendre moins austère en l'ornant de plantes ou en l'associant à un autre matériau comme le bois. La brique étant de petite taille, c'est l'une des ressources les plus faciles à travailler et pouvant être utilisée dans les recoins de forme irrégulière.

Harmonie (p. 253 en haut)
Le plancher et le mobilier qui accompagnent cette palissade en bambou sont construits dans le même bois, ce qui rend ce toit-terrasse très harmonieux.

Double fonction
(p. 253 en bas à gauche) Banc intégré dans le mur d'un abri de jardin.

Perfection absolue
(p. 253 en bas à droite) Quoi de plus simple et efficace que ce banc intégré ? Remarquez la lampe discrète dans le mur sous le banc.

Banc circulaire (ci-dessous)
La construction d'un banc circulaire autour d'un tronc d'arbre n'a rien de récent et cette idée mériterait d'être remise au goût du jour.

plantes

Au moment de choisir vos plantes, vous serez peut-être décontenancé par la quantité incroyable d'espèces qui correspondent au climat et au style de votre jardin.

Ci-contre Mélange très coloré d'arbustes ligneux, de vivaces et de bulbes.

Plantes de jardin

Je suis tout à fait d'accord avec le paysagiste Thomas Church qui disait que « le jardin est fait pour l'homme ». Néanmoins, je pense que les plantes ont également un rôle important à jouer, car elles contribuent à faire du jardin un lieu attrayant dans lequel s'échapper du stress quotidien. La vue, le bruit et le parfum des plantes permettent à beaucoup de gens de se ressourcer et de se détendre totalement.

Les plantes destinées à embellir le style et l'atmosphère du jardin doivent être considérées comme un élément à part entière de la configuration générale. Ainsi, la forme d'un parterre ou l'agencement des pots doivent être proportionnés aux dimensions d'une surface pavée, tandis que les couleurs des plantes doivent être assorties à celles des autres éléments. Il est faux de croire que les petits jardins ont besoin d'être enrichis de petits détails et de ressembler à un grand jardin miniaturisé. Au contraire, un nombre de plantes limité mais agencées de manière claire et simple est généralement le plus efficace.

On ne réussit à agencer les plantes qu'après de nombreux essais et associations. Ne tentez pas l'impossible en essayant de créer une composition digne d'un grand paysagiste. L'une des grandes satisfactions de la culture des plantes est de constater que vous obtenez un bel équilibre et de pouvoir changer de configuration tous les automnes pour tenter de parvenir à votre idéal.

Décor de saison (p. 256)
Douceur automnale créée par des vivaces jaunes parmi lesquelles des héléniums et plusieurs variétés de rudbeckie.

Décor longue durée (ci-dessus)
Les feuilles d'orpin sont charnues et très décoratives. La variété présentée ici (*Sedum rosea*) donnera naissance à des fleurs en forme d'étoile jaune-vert.

« les plantes contribuent à faire de votre jardin un lieu attrayant. »

Agencement

Quelle que soit la taille de leur jardin, de nombreux jardiniers se contentent d'y cultiver un assortiment de leurs plantes préférées. Or, l'objectif est de décorer votre jardin avec des plantes de taille bien proportionnée qui lui donneront vie.

Choisir les plantes

Tout d'abord, ne choisissez que des plantes que vous connaissez : consultez un catalogue ou un guide botanique, puis allez découvrir ce qu'elles « dégagent » dans une pépinière ou un magasin spécialisé. Cette manière de procéder devrait restreindre vos possibilités de choix, ce qui n'est pas plus mal, car une trop grande diversité risque de créer quelque chose de trop disparate ou patchwork, et non l'ensemble harmonieux de formes et de couleurs que vous devriez chercher à obtenir.
L'étape suivante consiste à arranger les plantes, en commençant par les plus grandes pour finir par les plus petites.

Plantes principales
Choisissez d'abord les plantes qui seront au cœur de la composition, qui feront par exemple office de lien entre la végétation et l'architecture alentour : pourquoi pas un cerisier pleureur au-dessus d'un plan d'eau, ou encore, dans un jardin plus petit, un yucca persistant offrant un peu de verdure dans un groupe de vivaces ? Vous pouvez même opter pour une plante centrale et une autre plus secondaire, qui s'équilibreront mutuellement dans le décor.

Plantes de structure
Choisissez ensuite les plantes qui formeront l'ossature de la composition. Les feuillages persistants sont les mieux adaptés pour offrir une structure permanente aux autres plantes et mettre en valeur le style du jardin, tout en faisant office d'écran et d'abri si nécessaire. Planifiez vos plantations longtemps à l'avance, surtout dans le cas des arbustes persistants, car la plupart d'entre eux mettront un certain temps avant d'atteindre leur taille adulte. Essayez d'imaginer à quoi ils ressembleront dans cinq ans et espacez-les suffisamment. Dessinez le plan du jardin en indiquant l'emplacement de ceux-ci pour avoir une idée précise de la place qui reste.

En attendant que cette ossature végétale s'étoffe, vous pouvez combler les trous avec des plantes à croissance rapide.

Plantes de garniture
À ce stade, vous pouvez commencer à réfléchir au style et à l'ambiance que vous souhaitez créer et choisir les plantes et arbustes saisonniers (en commençant toujours par les plus grands). Regroupez les arbustes de sorte qu'ils restent proportionnés au reste du jardin, par exemple à la largeur de la terrasse qu'ils bordent, à la hauteur d'une clôture ou à un arbre en toile de fond. Évitez d'utiliser trop de plantes isolées car elles risquent de prendre le dessus sur les plantes principales.

Plantes accessoires
Enfin, vous choisirez ce que j'appelle les plantes « accessoires », c'est-à-dire les petites espèces arbustives qui comprennent les *Santolina spp.*, quelques *Hebe spp.*, toutes les vivaces et de nombreuses herbes aromatiques. À moins que votre jardin ne soit réellement minuscule, il vaut mieux les planter en massif, en tenant particulièrement compte de la manière dont le feuillage (qui vit plus longtemps que les fleurs) s'accorde avec les autres plantes du jardin. Pour finir, pensez également aux plantes décoratives de type bulbes (tulipes et iris) bisannuelles spontanées, plantes annuelles (tournesols), ou encore couvre-sol (hostas et bugles).

Plan de plantation

Votre plan doit être établi en fonction des structures en dur que recouvriront et estomperont les plantes. La meilleure façon de procéder est d'indiquer sur un plan à l'échelle la position des plantes et leur taille adulte approximative. Le plan ci-dessous correspond à l'agencement décrit dans les deux pages précédentes.

1 **Plantes principales** Arbre fruitier

2 **Plantes de structure** Euphorbe au premier-plan et lin de Nouvelle-Zélande *(Phormium tenax)* à l'arrière plan.

3 **Plantes de garniture** Collection d'arbustes décoratifs plantés derrière l'arbre.

4 **Plantes accessoires** En grande partie des chrysanthèmes, mais aussi des aconits au pied de l'arbre et à droite.

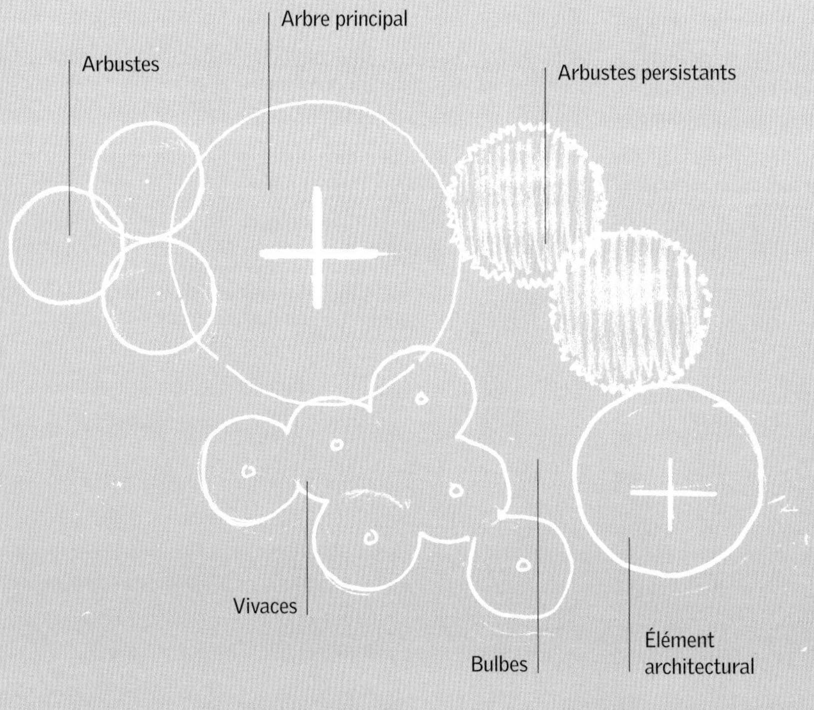

1
2
3
4
4
4
2

Les plantes par couleur

De nombreux citadins choisissent des plantes de couleurs vives, car contrairement aux teintes grisâtres et ternes de la ville, elles ont un effet bénéfique et stimulant sur le moral. Au moment d'acheter vos plantes, ne pensez pas seulement à la couleur que donneront les fleurs mais aussi à celle des autres parties de la plante (feuilles, tronc, branches, écorce), qui sont plus permanentes. Le feuillage peut se décliner en une palette de teintes allant du vert, dans toutes ses nuances, jusqu'au jaune et au brun, en passant par le violet et l'argenté. Quant aux tiges et aux feuilles elles sont jaunes, vertes, marron ou rouges. Tout ceci doit être combiné afin qu'au fil des saisons, les floraisons échelonnées offrent une belle succession de couleurs.

Harmonie de couleurs

Que votre jardin consiste en un balcon orné de quelques plantes en pots ou en une entrée encadrée de jardinières, essayez d'agencer les plantes de manière à ce que leurs couleurs se fondent bien dans l'environnement. N'oubliez pas que dans un petit espace, tous les éléments (qu'il s'agisse des murs, du dallage, mais aussi des coussins des chaises) seront vus comme un tout. Des touches de couleur trop nombreuses et trop contrastées, sans lien entre elles ou avec les alentours, créeront un effet « criard ». Il vaut mieux créer un jardin harmonieux ou les couleurs assorties uniformisent l'espace et le rendent plus grand qu'il ne l'est en réalité.

Impact de la couleur

L'impact de la couleur dépendant de la taille des plantes, tenez compte des dimensions adultes de celles-ci au moment de concevoir votre plan de plantation. Essayez de visualiser l'effet de l'ombre ou du soleil sur les différentes couleurs, car le changement peut être radical. Le rouge est par exemple une couleur exigeante, difficile à utiliser en extérieur, surtout en plein soleil ; en revanche, à l'ombre, elle sera parfaitement mise en valeur avec du gris, du violet ou du rose.

Intensifier la couleur (à gauche)
Les teintes de cette impérata cylindrique (*Imperata cylindrica* 'Rubra') sont exacerbées par la couleur du pot.

Jardin monochrome (ci-contre)
Une seule nuance de rouge, accompagnée d'une petite pointe de violet, met en valeurs les belles formes du feuillage.

Forme et couleur (p. 263)
Au printemps, la forme dressée des fleurs de lavande contraste avec la rondeur des fleurs roses de l'ail.

Plantes grises et argentées

De nombreuses plantes ont un feuillage gris ou argenté pouvant être utilisé dans une configuration légère et aérée. L'intensité des couleurs varie en fonction de la texture et de l'épaisseur des feuilles et peut conférer un aspect vaporeux ou au contraire plus façonné.

Les plantes grises et argentées préfèrent généralement les sols secs et les climats chauds et ensoleillés.

1 *Helichrysum italicum*
Immortelle d'Italie
Plante à feuillage très aromatique et petites fleurs jaunes en grappes. Environ 60 cm de haut.

2 *Salvia argentea*
Sauge
Plante très décorative, à feuilles grises et froissées recouvertes d'un duvet blanc. Hauteur d'environ 60 cm.

3 *Lamium maculatum* 'Beacon Silver'
Lamier maculé argenté
Plante couvre-sol d'environ 10 cm de haut pouvant être cultivée sous un arbuste, très pratique dans un jardin ombragé et humide.

4 *Artemisia* 'Powis Castle'
Armoise 'Powis Castle'
Espèce similaire à *A. arborescens,* toutes deux étant très appréciées pour leurs feuilles parsemées de gris. Elle apprécie les climats chauds et secs et atteint 60 à 90 cm de haut.

5 *Stachys byzantina* 'Silver Carpet'
Épiaire de Byzance
Variété d'épiaire non florissante, formant une masse argentée appréciée en bordure de parterre ou en couvre-sol peu épais. Environ 12 cm de haut.

3

4

5

6

7

8

9

6 *Hedera helix* 'Glacier'
Lierre 'Glacier'
Plante grimpante persistante à feuilles grises bordées de blanc. Convient à tout type de configuration et résiste au gel. Peut recouvrir une surface d'environ 3 x 3 m.

7 *Cynara cardunculus*
Cardon
Ce cousin de l'artichaut à feuilles très découpées se développe très tôt dans l'année et disparaît au milieu de l'été. Ses élégantes feuilles grises sont énormes et nécessitent de la place pour se développer car c'est une plante qui atteint 2 m de haut.

8 *Verbascum bombyciferum*
Molène
Plante bisannuelle à longues feuilles ovales gris-blanc poussant en rosettes, au milieu desquelles éclosent des fleurs jaunes en épis de 2 m de haut.

9 *Santolina pinnata* spp. *neopolitana*
Santoline pinnata spp. neopolitana
Bel arbuste nain à fleurs jaunes minuscules et feuilles grises plumeuses. Environ 60 cm de haut.

10 *Senecio Cineraria* 'SilverDust'
Cinéraire maritime
Variété de cinéraire à feuilles lobées gris argenté, revers et pétiole recouverts d'un duvet blanc. Elle ne résiste pas au gel et aux hivers humides. Environ 50 cm de haut.

11 *Ruta graveolens* 'Jackman's blue'
Rue 'Jackman's blue'
Feuillage gris-bleu très aromatique lorsque l'on froisse les feuilles. Bonne plante de bordure atteignant environ 45 cm.

Plantes violettes

Le violet est une couleur exigeante (que l'on rencontre plus souvent dans le feuillage que dans les fleurs) et difficile à associer avec d'autres teintes. Néanmoins, un camaïeu de violet est du plus bel effet et crée une certaine ambiance. Seuls quelques arbustes à feuilles violacées sont persistants, souvent de la famille des berbéridacées.

1 *Weigela florida* 'Foliis Purpurei'
Weigela
Arbuste fleurissant en juin, à fleurs rose pâle formant un joli contraste avec le feuillage. Apprécie les sols riches et humides et recouvre une surface de 1,20 x 1,20 m.

2 *Erysimum* 'Bowles Mauve'
Giroflée 'Bowles Mauve'
Magnifique plante murale à longue floraison violet clair ou foncé, non odorante. Atteint 90 cm de haut.

3 *Saxifraga oppositifolia* var. *latina*
Saxifrage à feuilles opposées
Cette plante forme un beau tapis de verdure tout au long de l'année, mais est encore mieux mise en valeur en jardinière par-dessus laquelle elle peut s'étaler, surtout à la fin du printemps, au moment de la floraison. Recouvre une surface de 5 x 20 cm.

4 *Berberis gagnepainii* 'Wallichiana Purpurea'
Épine-vinette pourpre
Buisson épineux poussant sur sol sec et dans presque toutes les conditions. Espèce persistante à branches érigées, fleurs jaunes et feuilles étroites et craquantes. Hauteur comprise entre 0,80 et 1,20 m.

5 *Sedum telephium* 'Atropurpureum'
Orpin reprise
Cette variété d'orpin fera une très belle plante principale. À la fin de l'été, ses fleurs passent d'un brun rose pâle à un brun foncé.
Atteint 45 cm de haut.

6 *Ajuga reptans* 'Atropurpurea'
Bugle rampante pourpre
Cette bugle tapisse les sols humides et offre un joli contraste entre ses fleurs bleu foncé et son feuillage violet-bronze. Hauteur maximum : 20 cm.

7 *Salvia officinalis* Purpurascens
Sauge officinale pourpre
J'adore cette plante ligneuse, même s'il faut la remplacer tous les deux ou trois ans. Les jeunes feuilles d'un doux gris-violet contrastent avec les fleurs bleu-violet. 60 cm de haut.

6

7

8 *Cotinus coggygria*
Arbre à perruques
Il existe plusieurs formes d'arbre à perruques et différentes nuances de violet. Il apprécie les sols légers et peut être rampant et couvrir une surface de 1,80 x 1,50 m.

9 *Hebe* 'Mrs Winder'
Hébé ou véronique arbustive
Toutes les véroniques sont persistantes et conviennent à tout type de sol, excepté les plus froids et les plus humides, car elles ne résistent pas toutes au gel. La variété 'Mrs Winder' est à feuillage brun violacé et fleurs bleu vif. Hauteur : 60 cm.

Plantes jaunes ou dorées

Le jaune est une couleur chaude et estivale qui illuminera votre jardin, même si le ciel est gris. Un feuillage doré s'accorde bien avec des fleurs de couleur verte, crème, jaune vif ou citron. Une petite touche de bleu apportera un peu de fantaisie.

1 *Hypericum calycinum*
Millepertuis à calice persistant
Les millepertuis sont des arbustes très robustes. Cette espèce persistante pousse sur tout type de sol, de préférence à l'ombre ou mi-ombre. Elle a atteint 30 cm de haut mais peut s'étendre à l'infini en largeur.

2 *Helichrysum splendidum*
Immortelle
Buisson persistant compact, à feuilles gris argenté soyeuses et minuscules fleurs jaunes poussant en grappe au milieu de l'été. Plante idéale pour les climats chauds et secs, elle atteint 1,20 m de haut.

3 *Oenothera missouriensis*
Onagre du Missouri ou primevère du soir
Charmante plante appréciant les climats chauds et secs. Le soir, le feuillage se constelle des fleurs jaune citron restées fermées toute la journée. Plante spontanée atteignant 23 cm environ.

4 *Primula bulleyana*
Primevère candélabre
Cette variété de primevère qui fleurit en mai-juin pousse aussi bien au soleil qu'à l'ombre mais a besoin d'humidité. Hauteur d'environ 45 cm.

3

4

5 *Ilex aquifolium* 'Golden Milkboy'
Houx panaché
De croissance lente, le houx n'en demeure pas moins une splendide plante persistante qui pousse dans n'importe quel sol bien irrigué, à l'ombre ou mi-ombre. Cependant, il ne supporte pas les sols trop humides ou trop secs.

6 *Lysimachia nummularia* 'Aurea'
Nummulaire dorée
Cette petite plante qui ne mesure pas plus de 5 cm est un couvre-sol appréciant les sols frais et humides. Fleurs jaune vif.

7 *Sambucus racemosa* 'Plumosa Aurea'
Sureau à grappes doré
Les sureaux sont des arbustes à croissance très rapide, quel que soit le type de sol. Aussi coriace que du cuir, leur feuillage n'est malheureusement pas persistant, mais esthétiquement très joli.

8 *Melissa officinalis* 'Aurea'
Mélisse officinale dorée

Les feuilles de cette plante vivace sentent le citron et sont aisément reconnaissables à leurs motifs jaunes. À planter à mi-ombre pour éviter les brûlures foliaires. Hauteur : 60 cm.

9 *Euonymus fortunei* 'Emerald 'n' Gold'
Fusain 'Emerald 'n' Gold'

Le feuillage de cet arbuste touffu vire au rose-brun à l'automne. Le fusain tolère la plupart des sols et convient parfaitement bien en plates-bandes ou en jardinière, où il offre de belles couleurs tout au long de l'année. Couvre une surface d'environ 45 x 60 cm.

Plantes rouges ou orange

Ces couleurs exigeantes ne plaisent pas forcément à tout le monde mais elles illuminent un coin un peu sombre et trouvent toute leur place dans les jardins fournis, surtout à proximité de plantes à feuillage doré, gris ou violet. Les effets obtenus sont spectaculaires, notamment dans les jardins suspendus ou en ville. Les fleurs rouges ou orange sont surtout caractéristiques des climats tempérés, où elles sont les reines de l'automne.

1 *Hibiscus rosa-sinensis* 'Scarlet Giant'
Hibiscus rose de Chine 'Scarlet Giant'
Plante idéale pour une ambiance chaleureuse et tropicale dès le milieu de l'été. Apprécie les sols bien irrigués mais a également besoin de soleil. Surface de 1,80 x 1,80 m.

2 *Dahlia* 'Grenadier'
Dahlia
Je suis personnellement de plus en plus féru de dahlias. Dans les régions chaudes, les tubercules peuvent rester en terre tout l'hiver, à condition que le sol soit bien irrigué. On trouve dans le commerce une quantité infinie de dahlias, à fleurs très variées (l'espèce présentée ici étant un dahlia « décoratif »), ou à feuillage teinté de bronze et de violet. Les variétés à grandes fleurs ont souvent besoin d'un tuteur. Surface moyenne : 60 x 60 cm.

3 *Hemerocallis* 'Stafford'
Hémérocalle ou lis d'un jour
L'hémérocalle est très pratique car elle pousse facilement par rapport aux autres plantes et elle est facile à hybrider, ce qui permet de créer de très beaux spécimens, comme celui-ci. C'est l'une des plantes les plus précoces du printemps et ses touffes de feuilles charnues en font un excellent couvre-sol. Les fleurs sont également très belles. L'hémérocalle pousse n'importe où, au soleil ou à l'ombre mais pas sur sol aride. La variété présentée ici mesure 70 cm.

4 *Hemerocalis fulva*
Hémérocalle fauve
Variété panachée à fleurs orange ornées de motifs rouge cuivre. Hauteur : 1,20 m.

3

4

5 *Scabiosa atropurpurea* 'Ace of spades'
Scabieuse des jardins

La scabieuse est une vivace d'environ 75 cm de haut, très pratique dans un petit jardin, s'accordant très bien avec d'autres vivaces ou des graminées. Elle possède de sublimes fleurs d'un rouge très profond qui fleurissent entre le milieu de l'été et le début de l'automne.

6 *Cosmos atrosanguineus*
Cosmos chocolat

Spectaculaire plante annuelle de garniture, à fleurs blanches, roses, rouges ou d'un magnifique brun pourpré, fleurissant tout au long de l'été et en automne et à l'agréable parfum proche du chocolat. À planter en massif pour plus d'effet. L'espèce présentée ici fait environ 75 cm.

7 *Rosa rugosa* 'Roseraie de l'Haÿ'
Rosier 'Roseraie de l'Haÿ'
Rosier buissonnant à longue floraison parfumée et à feuillage résistant aux maladies. Cette variété hybride possède des fleurs rouge violacé et d'élégants bourgeons allongés, bref, tout pour plaire.
C'est une plante robuste et rustique, même sur sol pauvre, couvrant une surface de 1,80 x 1,80 m.

8 *Hydrangea macrophylla* 'Hamburg'
Hortensia rose
Cet hortensia bien connu est à fleurs roses, ou bleues si le sol est acide, devenant rouge vif à l'automne.
C'est une plante qui apprécie les sols riches et bien irrigués. N'enlevez pas les fleurs fanées avant le mois de mars car elles protègent les jeunes bourgeons en hiver. Juste après la floraison, coupez les nouvelles tiges trop fragiles ainsi que les plus anciennes.

Plantes bleues

Discrète et relaxante ou bien vive et percutante, la couleur bleue a toute sa place dans un jardin. Les plantes de cette teinte sont particulièrement sublimes dans un jardin avec bassin ou piscine, mais aussi dans un massif d'annuelles ou de plantes plus sauvages.

3 *Hydrangea serrata* 'Bluebird'
Hortensia
Cette espèce est de type « bonnet de grand-mère », c'est-à-dire à inflorescences plates composées de petites fleurs centrales fertiles, bleuâtres, entourées de quatre fleurs stériles plus larges (fleurons), variant du rose pâle au bleu en fonction de l'acidité du sol. Surface moyenne : 1,20 x 1,20 m.

4 *Buddleja davidii* 'Empire Blue'
Arbre aux papillons
Arbuste à croissance rapide, parfait pour obtenir un effet immédiat. Longues feuilles étroites, fleurs parfumées à pétales bleu-violet contrastant avec un centre orange, ce qui, en été, attire irrésistiblement les papillons. Tolère tout type d'habitat mais préfère le plein soleil.
Atteint 2,50 x 1,80 m mais il est possible de le tailler.

1 *Echinops ritro*
Chardon bleu, azurite
La majesté de cette plante tient à sa couleur mais aussi à sa silhouette architecturale, et ce quel que soit le sol dans lequel elle pousse. Fleurs bleu acier écloses à la fin de l'été, au sommet de grandes tiges grises surgissant du feuillage épineux argenté. Plante relativement compacte atteignant environ 75 cm de haut.

2 *Iris sibirica* 'Perry's Blue'
Iris de Sibérie
Cet iris au feuillage élégant pousse en bordure d'eau ou sur tout sol quelconque mais humide. Hauteur d'environ 75 cm.

5 *Eryngium bourgatii* 'Oxford Blue'
Panicaut de Bourgat
Plante au feuillage extraordinaire, composé de feuilles profondément découpées, à bords épineux et nervures argentées. Les capitules de fleurs, caractéristiques de l'espèce, sont visibles tout l'été. Atteint 60 cm de haut.

6 *Festuca glauca* 'Blue fox'
Fétuque bleue
Graminée rustique et épineuse. Tiges bleu acier dont la texture contraste admirablement bien avec le feuillage charnu des arbustes ou des vivaces. Pousse sur sol très sec et en plein soleil. Surface de 20 x 23 cm.

7 *Agapanthus campanulatus* 'Blue Giant'
Agapanthe campanulée
Sur sol bien drainé, cette espèce d'agapanthe est rustique dans n'importe quelle région. En hiver, il est recommandé de la protéger avec un paillis, surtout si elle pousse en terrain exposé. Spectaculaires hampes florales jaillissant du feuillage en été et atteignant environ 90 cm. Plante idéale en pot ou en jardinière.

8 *Penstemon* 'Sour Grapes'
Penstémon violet
Je me suis découvert une passion pour les penstémons qui fleurissent très longtemps, entre juillet et octobre, et offrent de très belles couleurs, comme par exemple le mélange d'améthyste rosé et de bleu de ce cultivar. Ils poussent sur n'importe quel sol bien drainé, pour atteindre 60 cm environ.

PLANTES JAUNES ET BLANCHES

J'aime beaucoup les fleurs blanches car elles tranchent bien sur le vert des feuilles. L'association du blanc et du gris est particulièrement subtile et élégante. Si un jardin trop coloré perd parfois de son charme, la présence de blanc est toujours rafraîchissante, de jour comme de nuit, ce qui n'est pas le cas de la plupart des autres couleurs.

1 *Romneya coulteri var. trichocalyx* 'White Cloud'
Pavot en arbre de Californie
Fleurs d'un blanc pur quasi parfait, étamines jaune vif et superbe feuillage grisâtre. Comme son origine le laisse deviner, cet arbuste a besoin d'être exposé au sud, sur un sol bien drainé. Assez long à s'établir, il développe ensuite des drageons persistants, ce qui le rend difficile à cultiver en pot. Hauteur maximale d'environ 1,50 m.

2 *Narcissus poeticus* var. *recurvus*
Narcisse des poètes var. recurvus
Parmi les nombreuses variétés de narcisse blanc, les fleurs de celle-ci possèdent une couronne centrale jaune bordée de rouge et sont très parfumées. Les bulbes fleurissent assez tard au printemps et atteignent environ 35 cm de haut.

3 *Leucanthemella serotina*
Leucanthémelle tardive ou marguerite tardive
Plante vivace à floraison automnale, idéalement cultivée parmi des buissons. Hampes solides de 2-3 m de haut portant de grandes marguerites blanches à cœur vert-jaune que vous pourrez couper pour composer de beaux bouquets.

3

5 *Primula vulgaris*
Primevère commune
Véritable annonciatrice du printemps, la primevère est une fleur jaune pâle que j'affectionne beaucoup et qui pousse sur un sol humide et légèrement ombragé.

6 *Crambe cordifolia*
Chou nuage blanc
Plante à fleurs blanches spectaculaires qui rappellent celles des gypsophiles et s'ouvrent en juillet. Les feuilles vertes flétrissent rapidement après la floraison et finissent par tomber. C'est pourquoi il est préférable de cultiver cette plante au milieu de buissons à floraison automnale qui cacheront cet aspect vilain jusqu'au printemps suivant.

7 *Kniphofia* 'Little Maid'
Kniphofia ou Tritoma
Plante à bourgeons verts suivis en automne de fleurs blanches en épis. Feuilles étroites à bord non découpé. Hauteur d'environ 60 cm, inférieure à celle des autres variétés de l'espèce.

8 *Helleborus hybridus* 'Citron'
Hellébore hybride
Longtemps oubliés, les hellébores se distinguent pourtant par leur silhouette sculpturale et leurs fleurs en forme de coupe écloses au début du printemps. Plante persistante s'accommodant de tout type de sol, à condition qu'il soit bien drainé et enrichi en matière organique.

Plantes grimpantes

Les grimpantes sont un véritable atout dans un petit jardin. Non seulement elles sont agréables à regarder et font économiser de la place au sol, mais elles adoucissent également les structures en dur le long desquelles elles poussent et dissimulent même les moins esthétiques. Le long d'une pergola ou d'une palissade à claire-voie, elles protègent du vent, des rayons du soleil et des regards.

Les différentes grimpantes

Certaines plantes grimpantes telles que le lierre (*Hedera spp.*) possèdent des racines crampons qui leur permettent de pousser le long de surfaces verticales sans l'aide de support. D'autres, comme le pois de senteur (*Lathyrus odoratus*) ou les espèces de *Clematis* sont munies de petites vrilles qui s'enroulent le long d'une treille, d'une clôture ajourée ou d'une plante hôte. À côté de ces véritables plantes grimpantes, d'autres espèces (*Cotoneaster horizontalis* par exemple) peuvent également se hisser le long d'une surface verticale. Elles formeront un beau contraste avec des plantes rampantes telles que *Cotoneaster dammeri*. De nombreux arbustes d'extérieur, comme *Magnolia grandiflora* pousseront volontiers à la verticale si vous les plantez le long d'un support fixé à un mur, à condition toutefois de les tailler correctement.

Supports

Outre le treillage, une structure en fils de fer peut également servir de support très discret, mais seulement pour les plantes légères. Un treillage utilisé dans un but purement fonctionnel ne doit pas dominer la plante ou le mur sur lequel il est fixé. En revanche, si l'objectif est également esthétique, le treillage doit attirer l'œil et peut donc être peint d'une couleur vive, ou être proportionnellement beaucoup plus grand que la plante, le rôle de celle-ci se limitant alors à celui d'accessoire.

1 *Hedera helix* 'Goldheart'
Lierre panaché
Cette plante persistante grimpe sans l'aide de support et pousse aussi bien à l'ombre qu'au soleil. Élégantes feuilles vertes, jaune doré au centre. Croissance d'abord lente puis plus rapide une fois accrochée à un support, pouvant alors atteindre 1,20 m de haut.

2 *Parthenocissus tricuspidata*
Vigne vierge
Plante caduque très robuste, dont les feuilles deviennent rouge flamboyant à l'automne. Pousse aussi bien à l'ombre qu'au soleil sur une surface de 7 x 6 m. Évitez de la laisser envahir les gouttières.

3 *Solanum crispum* 'Glasnevin'
Solanum
Plante murale parfaite sur une façade abritée exposée au sud ou à l'ouest, quel que soit le type de sol. Belles grappes de fleurs mauves entre juillet et octobre. Surface moyenne : 4 x 1 m.

6 *Lonicera brownii* 'Dropmore Scarlet'
Chèvrefeuille brownii
Variété de chèvrefeuille peu parfumée à fleurs en trompettes écarlates fleurissant de juillet à octobre. Préfère les sols riches en humus et très humides. Les racines doivent rester à l'ombre. Hauteur d'environ 1,50 m, pouvant atteindre 3,50 m, pour 1,50 m de large.

7 *Actinidia kolomikta*
Kiwi kolomikta
Cultivé pour son feuillage, cette grimpante persistante possède de longues feuilles en forme de cœur, dont certaines semblent avoir été trempées dans de la peinture rose ou blanc crème. Ces couleurs seront exacerbées par un bon ensoleillement. Atteint 3-4 m de haut.

8 *Humulus lupulus* 'Aureus'
Houblon grimpant doré
Comme les autres variétés du genre, ce houblon à port étalé se caractérise par les cônes de bractées qui se forment en automne. En hiver, la partie aérienne meurt et doit être rabattue. Atteint 4 m si exposé en plein soleil.

9 *Ceanothus* x *delileanus* 'Gloire de Versailles'
Céanothe
Arbuste grimpant non persistant, contrairement aux autres variétés de l'espèce. Fleurs bleu ciel entre le milieu de l'été et le début de l'automne.

10 *Rosa* 'Iceberg'
Rosier iceberg
Rosier grimpant très rustique à fleurs doubles blanches teintées de rose, délicatement parfumées, feuillage vert brillant. Atteint 1 m de haut.

11 *Ipomoea tricolor*
Ipomée tricolore
Également surnommée « belle de jour » en référence à ses superbes fleurs bleu roi qui ne tiennnent pas plus d'une journée, cette annuelle grimpante peut être cultivée avec une vivace également grimpante. Hauteur : 60 cm.

Plantes à effet instantané

Les plantes « instantanées » ont une croissance annuelle rapide et donc un impact esthétique immédiat après leur mise en terre. On compte dans cette catégorie toutes les annuelles, quelques bisannuelles et des arbustes ou plantes grimpantes à croissance rapide.

Effet à court terme

Même dans un plan de plantation très bien conçu, on peut se retrouver avec des périodes sans floraison. C'est la raison pour laquelle la présence de plantes annuelles est très importante. Mais elles sont également indispensables dans d'autres situations. Les petits jardins de ville, toits-terrasses ou simples rebords de fenêtre, ont besoin d'être égayés par des annuelles, surtout s'il n'est pas possible de cultiver des arbustes persistants. Si vous habitez quelques mois de l'année dans une résidence secondaire, les plantes annuelles sont très pratiques pour donner de la couleur à ce logement temporaire, dès votre arrivée.

Effet à long terme

Les plantes annuelles sont également utiles si vous souhaitez que l'agencement végétal de votre jardin soit permanent. Elles permettent en effet de donner de la consistance aux plantes à croissance lente. Le souci officinal (*Calendula officinalis*) et les espèces de myosotis conviendront très bien pour étoffer la surface près du sol. Les plantes persistantes étant particulièrement longues à s'établir, optez plutôt pour des arbustes caducs à croissance rapide et à durée de vie limitée, comme par exemple des genêts (*Cytisus spp.*) qui seront faciles à remplacer au moment voulu.

Les tournesols (*Helianthus annus*) et les plantes annuelles grimpantes telles que le haricot d'Espagne (*Phaseolus coccineus*), le houblon (*Humulus lupulus*) et la cobée grimpante (*Cobaea scandens*) sont très pratiques pour donner de la hauteur ou faire office d'écran provisoire en attendant qu'une haie de buis ou d'ifs atteigne sa taille adulte.

Plantes bisannuelles

L'utilisation de bisannuelles nécessite un peu plus de planification car elles ne fleurissent que la seconde année. Parmi les plus grandes, on peut citer les digitales (*Digitalis spp.*) et les *Verbascum spp.*

1 *Tropaeolum majus*
Grande capucine
Cette plante se pare en été d'un mélange de couleurs chaudes (Monet en avait dans son jardin). Très facile à cultiver sur sol bien drainé, c'est une rampante qui peut cependant être palissée pour atteindre 2 m de haut.

2 *Nicotiana* x *sanderae* 'Domino'
Tabac d'ornement variété 'Domino'
Plante annuelle très utile exhalant son parfum le soir. Fleurs de couleurs variées, dont cette variété blanc crémeux ; grandes feuilles vertes et visqueuses ressemblant à celles du tabac à fumer.
Hauteur : 30 cm.

3 *Sambucus nigra*
Sureau noir
Arbuste ligneux longtemps oublié, à croissance très rapide (2 m par saison, sur tout type de sol). Nombreuses variétés, de formes et couleurs variées.

4 *Helianthus annus*
Tournesol
J'aime beaucoup les tournesols et leurs couleurs allant du blanc au brun en passant par le jaune et l'orange. Leur taille atteint les 3 m à maturité, mais certaines variétés comme les hybrides des régions méditerranéennes ne font que la moitié. Les tournesols sont des annuelles qui étoffent à merveille un buisson encore jeune ; ils poussent sur tout type de sol bien ensoleillé.

5 *Cytisus* x *praecox*
Genêt précoce
Arbuste à croissance rapide, idéal pour un effet immédiat, mais à durée de vie limitée, à moins de le rabattre au ras du sol après la floraison. Plante très décorative qui pousse sur un sol bien drainé et dans les climats chauds et ensoleillés.

6 *Calendula officinalis* 'Art Shades'
Souci officinal
Les soucis sentent si bon ! Une fois plantées, ces annuelles repoussent de manière spontanée, année après année. Hauteur d'environ 50 cm.

7 *Passiflora caerulea*
Fleur de la passion, passiflore bleue
Belle plante robuste, grimpant à l'aide de vrilles le long de murs, de préférence ensoleillés. Étonnantes fleurs de 8-10 cm de large, à pétales blancs et couronnes de filaments bleu-violet, précédant des fruits orange en forme d'œuf.

8 *Matthiola incana* 'Giant excelsior'
Giroflée des jardins, violier
Belle plante de garniture, bisannuelle, à fleurs blanches, rose ou bleu pâle, très parfumées. Pousse sur tout type de sol, de préférence ensoleillé, et atteint 75 cm de haut.

9 *Digitalis purpurea*
Digitale pourpre
Les digitales se révèlent pleinement lorsqu'elles sont plantées en massif. Ce sont des bisannuelles persistantes qui atteignent rapidement 1 m. Pollinisation par les insectes. Existe aussi en blanc.

Plantes parfumées

Rien n'est plus envoûtant ni plus enivrant qu'un parfum de fleur, et rien n'est plus facile que d'embaumer un petit jardin. En effet, la plupart des plantes odorantes sont des grimpantes, qui ne prennent donc pas beaucoup de place au sol, ou bien des plantes cultivables en pots, donc faciles à changer de place. Plus votre jardin est petit, plus les plantes sont rapprochées et plus on sent bien leur parfum.

Pensez à ouvrir une porte ou une fenêtre de la maison pour faire entrer ces senteurs florales. Et pourquoi ne pas aller plus loin en plantant des rosiers devant la fenêtre de votre chambre, en disposant quelques pots d'herbes aromatiques sur le rebord de la fenêtre de la cuisine ou en décorant la porte d'entrée de quelques lis ?

Parfum de saison

Les saisons sont rythmées par différents parfums : jacinthes (*Hyacinthus orientalis*) et narcisses (*Narcissus*) au printemps, superbes en pots, suivis du doux parfum des *Wisteria spp.*; de *Clematis montana* et du lilas (*Syringa spp.*) qui se mêle aux senteurs légères et estivales des roses et des œillets (*Dianthus spp.*). Vient ensuite le parfum entêtant des lis (*Lilium auratum* et *L. regale* pouvant être cultivés en pot) et des *Buddleia spp.* Puis c'est au tour des senteurs exotiques du jasmin (*Jasmine officinale*), des glaïeuls (*Gladiolus spp.*) et du tabac (*Nicotiana spp.*) de prendre le dessus en automne. En hiver, le parfum des arbustes, comme le sarcoccora (*Sarcococca hookeriana* var. *humilis*) ou le *Daphne odora,* se mélange aux odeurs des plantes aromatiques persistantes telles que le romarin (*Rosmarinus officinalis*).

Herbe à chat (ci-contre) Les animaux, notamment les chats, aiment beaucoup l'odeur des herbes, surtout celle du népéta (*Nepeta spp.*) que l'on appelle aussi herbe à chat.

1 *Matthiola incana* Cinderella
Giroflée des jardins, violier
Bisannuelle se déclinant dans une belle palette de couleurs tendres et exhalant un fort parfum qui embaume plusieurs mètres à la ronde. En pot ou en pleine terre, plantez-la de préférence au soleil. Ci-contre, une variété naine de 25 cm de haut.

2 *Daphne mezereum*
Daphné bois-gentil
Petit arbuste persistant de port arrondi ; floraison mauve en février-mars au parfum très suave. Pousse sur un sol frais et humide. Taille adulte d'environ 60 cm mais peut atteindre 1,20 m.

3 *Rosmarinus officinalis*
Romarin
Arbrisseau persistant à fleurs bleues en forme de casque écloses entre le milieu du printemps et l'été. Son parfum provient de l'huile contenue dans les fines feuilles vert foncé à revers blanc. Pousse sur des sols bien drainés et ensoleillés. Couvre une surface de 75 x 75 cm, mais peut atteindre 1,50 m de haut au bout de plusieurs années.

4

5

6

4 *Cytisus battandieri*
Cytise de Battandier
Espèce de genêt à fleurs jaune doré sentant l'ananas, fleurissant entre la fin du printemps et le milieu de l'été. Feuillage recouvert d'un duvet satiné argenté. Se développe mieux le long d'un mur exposé au soleil, sur une surface de 3 x 2 m.

5 *Viburnum* x *carlcephalum*
Viorne
Il existe de nombreuses variétés de viorne parfumées : celle-ci porte des grappes de fleurs blanches très odorantes à la fin du printemps. Beau feuillage automnal. Dimensions moyennes : 2 x 1,50 m.

6 *Salvia officinalis* 'Icterina'
Sauge officinale
Variété ornementale à feuilles gris-vert panachées de jaune. À planter au soleil pour bien faire dégager le parfum du feuillage, de préférence dans un sol léger. Environ 0,60 x 1 m.

7 *Lavandula angustifolia*
Lavande
Plante persistante d'environ 80 x 80 cm, à fleurs bleu-gris écloses entre la fin du printemps et la fin de l'été. Parfum émanant de l'huile contenue dans les feuilles gris argenté, celles-ci devant par ailleurs être taillées après la floraison.

7

Plantes couvre-sol

Les couvre-sol sont une solution pour les terrains de forme irrégulière ou laissés « en friche », comme c'est souvent le cas dans les petits jardins de ville, difficiles voire impossibles à paver ou à planter de manière habituelle. C'est une alternative pratique et esthétique à la pelouse, qui a souvent tendance à jaunir et nécessite un entretien régulier. De plus, si le sol est bien préparé, les plantes tapissantes empêcheront l'apparition de mauvaises herbes.

Communion ou contraste

Les plantes couvre-sol peuvent servir de trait d'union entre un groupe de grandes plantes et une composition végétale plus petite, ou bien créer un contraste entre une surface plantée et une surface gravillonnée. Si vous souhaitez limiter la zone couverte de ce tapis végétal, ne choisissez pas de plantes envahissantes ou à croissance rapide, car vous aurez du mal à en maîtriser l'expansion ; c'est le cas des pervenches (*Vinca major* ou *Vinca minor*). Privilégiez plutôt les espèces assez basses ou en coussinets, parmi lesquelles on trouve de nombreuses vivaces, telles que *Ajuga spp.* et son épais tapis de petites feuilles, *Bergenia spp.*, aux grandes feuilles caractéristiques, ou *Stachys lanata,* à feuilles laineuses. Pour un effet permanent, optez pour un arbuste persistant et assez bas comme *Cotoneaster dammeri,* ou un persistant plus grand mais touffu à la base, par exemple l'oranger du Mexique (*Choisya ternata*).

« Les plantes rampantes sont une solution pour les terrains de forme irrégulière. »

1 *Salix reticulata*
Saule réticulé
Saule buissonnant à tiges prostrées formant un épais tapis. Préfère les sols humides et tolère la mi-ombre. Couvre une surface d'environ 4 x 20 cm.

2 *Lamium maculatum* 'Beacon Silver'
Lamier maculé argenté
Couvre-sol parfait sur terrain frais et ombragé. Feuillage entièrement argenté, bordé de vert. Atteint 10 cm de haut.

3 *Ceratostigma plumbaginoides*
Cérastostigma ou plumbago rampant
Plante automnale à tiges rampantes, très fines et colorées. Fleurs bleues tranchant sur le rouge écarlate des feuilles d'automne. Très appréciée des papillons, elle atteint environ 25 cm.

4 *Ceanothus thyrsiflorus* var. *repens*
Céanothe rampant

Arbuste persistant originaire de Californie, assez bas mais formant un monticule dense couvert de fleurs bleuâtres à la fin du printemps. 0,45 x 2,50 m.

5 *Rosa* 'Hertfordshire'
Rosier Hertfordshire

Rosier rampant faisant partie d'un groupe portant des noms de comtés anglais, de couleurs variées et de qualité inégale. Hertfordshire est à fleurs solitaires rose carmin poussant en profusion au soleil. 0,60 x 1,20 m.

6 *Heuchera micrantha* var. *diversifolia* 'Palace Purple'
Heuchère pourpre

Les heuchères se déclinent en un nombre toujours plus grand d'hybrides qui en reprennent les caractéristiques et les couleurs du feuillage. Cette variété pourpre, déjà ancienne, possède des feuilles bronze rougeâtre à revers rose. Minuscules fleurs blanches et plumeuses donnant naissance à des gousses roses contenant des graines. Idéalement plantée en massif. Dimensions : 60 x 30 cm.

7 *Geranium macrorrhizum*
Géranium à long rhizome

Plante de très grande qualité pour ses superbes feuilles profondément découpées, ses fleurs éclatantes et sa capacité à empêcher les mauvaises herbes de pousser. Longue floraison aux couleurs intenses allant du blanc au violet pourpre, comme ici, en passant par le rose pâle et le bleu clair. Pousse bien dans un sol ordinaire mais a besoin de soleil. Couvre une surface de 45 x 90 cm.

8 *Vinca major* 'Variegata'
Grande pervenche panachée

Variété stolonifère, robuste et tapissant le sol d'un vert permanent. Pousse à l'ombre ; fleurs bleu lavande apparaissant au début du printemps. 36 x 36 cm.

9 *Cotoneaster dammeri*
Cotonéaster de Dammer

Il existe une variété de cotonéaster adaptée à chaque climat. Toutes se couvrent de fleurs blanches au milieu de l'été, suivies d'une multitude de baies orange ou rouges. Très bon couvre-sol persistant, cette variété à port assez prostré se développe en s'enracinant. Peu aussi pousser en bas d'un mur. Hauteur comprise entre 5 et 7,5 cm.

6

7

8

9

Plantes en pot

Les pots et bacs à fleurs prennent toute leur importance dans les petits jardins car ils permettent de cultiver des plantes de toute taille dans n'importe quel coin. De plus, il est facile et très rapide de les changer de place pour modifier l'agencement du jardin au fil des saisons.

Coup de théâtre mural (ci-dessus)
Un magnifique *Yucca filamentosa* en pot se détache sur un mur dont la couleur contraste avec celle de la plante.

Duo décoratif (ci-contre)
Verbena bonariensis plantée au-dessus de la graminée *Pennisetum villosum* dans une série de pots de couleur assortie.

Entretien des plantes

Petit arbre, plantes potagères ou herbes aromatiques, tout type de plante peut être cultivé en pot, à condition de prévoir suffisamment de place pour les racines, de les arroser et de les nourrir comme il le faut.

N'oubliez pas de prévoir un trou de drainage, indispensable pour éviter que les racines ne pourrissent dans l'eau acide accumulée au fond du pot, mais aussi pour empêcher que celle-ci ne gèle en hiver et n'abîme les racines ou le récipient. Recouvrez le trou d'un galet, d'un tesson de poterie ou de tout autre matériau poreux.

Ne lésinez pas sur la quantité de compost car c'est lui qui retient l'humidité et les nutriments : vos plantes apprécieront (sauf celles qui préfèrent les sols pauvres). N'hésitez pas à acheter un compost de grande qualité, vous risqueriez d'être déçu dans le cas contraire. Revitalisez la terre à chaque printemps en remplaçant la couche de terre supérieure par une nouvelle épaisseur de compost.
Les plantes cultivées en sol exposé ou en paniers suspendus doivent être nourries et arrosées plus souvent car le vent risque de dessécher le compost. C'est particulièrement vrai pour les plantes de balcon ou de rebord de fenêtre.

Remarques

Les récipients en terre cuite s'asséchant rapidement, pensez à bien les tremper avant la première utilisation et essayez de les tapisser de plastique pour favoriser la conservation de l'humidité. Les paniers suspendus doivent également être doublés, soit de mousse, soit de plastique, dans lequel vous percerez un trou pour permettre à l'eau de s'évacuer et à la plante de respirer.

« Changer les pots de place pour modifier l'agencement du jardin. »

1 *Tulipa whittali*
Tulipe
J'aime beaucoup les tulipes lorsqu'elles poussent en abondance. J'ai un petit faible pour celles qui ressemblent au lis car elles ont tendance à se courber, un peu comme le cou d'un cygne, surtout lorsqu'elles sont plantées en pot. Hauteur de 50-60 cm.

2 *Sempervivum tectorum* 'El Toro'
Joubarbe des toits
Plante succulente à feuilles rouge vif en rosettes, formant des coussinets. La plupart des autres variétés sont à feuilles vertes et grandes tiges se couvrant de fleurs au début de l'été. Elle pousse sur compost et gravier bien drainé, rochers, récipients enterrés, de préférence au soleil.

3 *Agapanthus Headbourne*
Agapanthe hybride de Headbourne
Variété plus raffinée que *A. campanulatus*. Têtes florales rapprochées et feuillage plus herbacé. Fleurs de différentes nuances de bleu et de blanc, au bout de hampes mesurant entre 50 et 75 cm de haut.

4 *Pélargonium zonale*
ou **Géranium**
Il n'y a pas à dire, rien de tel qu'un bon vieux géranium. Il affectionne les terrains chauds et secs et reste en fleur jusqu'aux premières gelées. En hiver, il survit à l'extérieur à l'abri du vent, mais vous pouvez aussi le rentrer et le faire hiverner en le suspendant ou encore le tailler. Enfin, la solution la plus simple est d'en acheter un nouveau que vous choisirez parmi les nombreuses couleurs et formes de feuillage.

Plantes d'ombre

De nombreux petits jardins sont ombragés par des immeubles, des murs ou des grands arbres ; certains ne voient jamais la lumière, d'autres se contentent de quelques minutes d'ensoleillement à un moment ou un autre de la journée, et nombreux sont ceux qui ne sont que partiellement dans l'ombre. Le nombre de plantes capables de pousser dans des espaces confinés et ombragés (humides ou secs) est bien plus grand qu'on ne le croit, car souvent, les structures qui procurent de l'ombre protègent également du vent.

Les plantes d'ombre ont souvent de grandes feuilles (pour faciliter la photosynthèse) et des fleurs de couleur discrète, mais dans un petit espace, leur parfum embaumera complètement l'atmosphère. Les zones plantées situées à l'ombre peuvent devenir très féeriques : profusion de feuillages autour d'un plan d'eau ombragé, ou encore fleurs pâles illuminant un coin sombre.

Amis de l'ombre (ci-dessus)
Le *Fatsia japonica* et les *Hosta* spp. sont les meilleures plantes d'ombre.

Jungle urbaine (p. 309)
Ambiance tropicale dans un jardin de ville bien abrité.

Exemples de plantes d'ombre

Les arbustes persistants garnissent parfaitement bien les zones ombragées. Les jardins de ville à l'abri du vent, du gel et de l'humidité sont parfaits pour les camélias (*Camellia spp.*) dont le feuillage lisse et brillant illumine les lieux toute l'année, tandis que les fleurs en forme de coupe égayent le jardin au moment de la floraison.

L'une de mes vivaces préférées est le *Bergenia cordifolia,* à feuilles robustes et coriaces, ainsi que l'*Iris foetidissima* et le *Liriope muscari,* dont j'apprécie beaucoup le feuillage épineux persistant. Les bambous (*Arundinaria spp.*) poussent également dans les habitats secs, abrités et ombragés. Leur silhouette fine et élancée crée un contraste intéressant avec les contours incurvés des frondes de fougères. Pour une touche plus raffinée, pensez aux anémones du Japon (*Anemone* x *hybrida*), à fleurs délicates et port étalé. Les lis (*Lilium spp.*) peuvent être plantés en pot ; leurs fleurs exotiques embaumeront le jardin.

Si votre jardin est très humide, plantez un *Rheum palmatum* et un *Gunnera manicata* sous un arbre : la pluie tombant de celui-ci s'écoulera sur les grandes feuilles des deux plantes, comme dans les forêts tropicales. Parmi les autres arbustes appréciant les régions humides, citons les hortensias, le *Viburnum davidii* et le *V. rhytidophyllum.* Les *Hosta spp.* ont besoin de beaucoup d'humidité et sont les plantes qui résistent le mieux à la pénombre (à moins d'être dévorées par les escargots qui en raffolent).

1 *Bergenia* 'Abendglut'
Bergénia
En plein cœur de l'hiver, les hampes florales commencent à surgir des immenses feuilles coriaces de cette vivace rustique, pour se parer au printemps de fleurs roses en forme de clochette. Feuillage idéal pour tapisser le sol. Hauteur et largeurs comprises entre 30 et 45 cm.

2 *Dicksonia antarctica*
Fougère arborescente
Voilà une plante que j'ai du mal à apprécier. Persistante en milieu tempéré, si possible sans gelées l'hiver. Hauteur de 3-4 m.

3 *Mahonia aquifolium*
Mahonia
Petit arbuste robuste et persistant, à fleurs jaune vif écloses au printemps, suivies de baies bleu-noir. Bon couvre-sol en milieu sec et ombragé. Suffisamment résistant pour croître en terrain exposé (balcon). Dimensions : 1 x 0,60 m, pouvant atteindre à terme 1,80 m de haut.

4 *Polystichum setiferum*
Polystic à soies

Variété de fougère aimant également l'ombre, feuilles arquées en forme de fronde qui embellissent n'importe quel recoin du jardin. Privilégiez les espèces persistantes comme celle-ci. Dimensions : 1,20 x 1 m.

5 *Convallaria majalis*
Muguet

Plante adorant les habitats humides et ombragés et exhalant un parfum exquis. Feuilles simples mais caractéristiques, fleurs délicates. Hauteur comprise entre 15 cm et 30 cm.

6 *Helleborus argutifolius* ou *corsicus*
Hellébore de Corse

Une véritable beauté. Dès le début du printemps, les fleurs vert pistache en forme de coupe surgissent des belles feuilles vert pastel en dents de scie, très architecturales. Dimension : 1 x 0,60 m.

7 *Aucuba japonica* 'Salicifolia'
Aucuba du Japon

Les feuilles vert brillant et les baies rouge vif de cette variété d'aucuba du Japon égayent le plus sec et le plus ombragé des jardins (les formes panachées telles que *A. japonica* 'Variegata' se développent mieux à mi-ombre). Résiste à la pollution atmosphérique et donc particulièrement adapté aux environnements urbains. Dimensions : 1,50 x 1,20 m, et 3 m à maturité.

8 *Liriope muscari*
Liriope muscari

Plante vivace persistante et rustique pouvant être cultivée en pot. Elle apprécie l'ombre. Au début de l'automne, les longues tiges qui surgissent du beau feuillage se couvrent d'une multitude de fleurs minuscules en forme de clochettes. Hauteur : 30 cm.

9 *Euphorbia amygdaloides* var. *robbiae*
Euphorbe des bois
Croissance sur sol sec et ombragé. Feuilles en rosettes formant un beau tapis persistant qui se couvre de fleurs jaunes au printemps. Dimensions moyennes : 45 x 45 cm.

10 *Anemone* x *hybrida* 'Honorine Jobert'
Anémone du Japon
Les fleurs simples, les grandes tiges élégantes et le beau feuillage de cette plante poussant à mi-ombre en font l'une de mes préférées. Peut vivre longtemps mais n'aime pas être dérangée une fois bien installée. Fleurs blanches solitaires ; hauteur d'environ 1,50 m.

Plantes d'ombrage

Les plantes situées en hauteur (toit, balcon ou rebord de fenêtre) sont beaucoup plus exposées aux variations de températures et au vent qu'au niveau du sol. Non seulement le vent brusque les plantes, mais il assèche la terre dans laquelle elles poussent, et encore plus en cas d'ensoleillement. Néanmoins, de nombreuses espèces végétales résistent à de telles conditions, tandis que d'autres parviennent à survivre une saison, voire plus, si vous installez une clôture, un paravent en tissu ou un buisson de type genévrier pour faire obstacle au vent.

Souvent en pots, les plantes placées en hauteur disposent d'une réserve en eau et en nutriments limitée. Le compost doit donc être de très bonne qualité et l'arrosage fréquent.

Joyau tropical (ci-dessus)
Ce palmier, *Chamaerops,* supporte la chaleur et la sécheresse, mais n'aime pas trop le vent ni le givre.

Plantes rustiques

Vous pouvez utiliser des plantes buissonnantes rustiques pour créer un intérêt visuel constant et protéger les plantes moins robustes du vent. Recherchez celles qui sont habituées aux terrains exposés que sont les landes, les flancs de montagne ou les côtes du littoral. Toutes les espèces de genêt (*Cytisus spp.*, *Genista spp.* et *Spartium spp.*) conviennent, de même que les ajoncs, (*Ulex spp.*), différentes bruyères, les herbes aromatiques à feuillage persistant vert ou argenté, la plupart des conifères et de nombreuses graminées. Les plantes grimpantes risquant d'être secouées par le vent, choisissez des espèces caduques (naturellement plus robustes que les persistantes), comme une vigne (*Parthenocissus spp.*) ou un chèvrefeuille (*Lonicera spp.*). Mais vous pouvez aussi opter pour une plante persistante, comme le lierre (*Hedera spp.*).

Décor saisonnier

De nombreuses plantes survivront une saison sur un balcon, un rebord de fenêtre ou un toit, surtout si vous les abritez du vent et les entretenez bien. Composez des pots d'annuelles et de bulbes d'été pour illuminer les lieux de couleurs éclatantes, le temps d'une saison. Les astéracées sont généralement rustiques ; cette famille va du plus petit aster bleu (*Felicia spp.*) jusqu'aux immenses rudbeckies jaunes (*Rudbekia spp.*) ou les célèbres reines marguerites blanches (*Leucanthemum* x *superbum*) qui vivent longtemps.

1 *Cytisus nigricans*
Cytise
Arbuste caduc à port érigé, aux fleurs jaunes comparables à celles du genêt, résistant aux conditions extrêmes mais préférant les sols acides. Dimensions : 1 x 1 m, mais peut atteindre 1,50 m de haut.

2 *Hippophaë rhamnoides*
Argousier
Grand arbuste de caractère, résistant aux vents et aux embruns. Feuilles blanc argenté et baies rouge orangé en hiver. Plantez une espèce mâle avec une ou deux femelles pour assurer la pollinisation par le vent. Dimensions : 1,80 x 3 m et finit par atteindre 4 m de haut.

3 *Viburnum betulifolium*
Viorne
Les viornes sont toutes résistantes et faciles à cultiver, même sur sol calcaire. De nombreuses espèces sont délicatement parfumées, d'autres se couvrent de belles baies à l'automne.

4 *Santolina pinnata spp. neopolitana* 'Sulphurea'
Santoline pinnata
Arbuste nain persistant à feuillage délicat, gris argenté, et petits bouquets de fleurs jaune soufre écloses en été. Atteint 45 cm de haut.

5 *Olearia* x *haastii*
Oléaria
Plante persistante facile à cultiver, sur tout type de sol. Résiste au vent et apprécie les expositions ensoleillées. À partir de juillet, floraison en très gros bouquets blancs. Dimensions : 1,20 x 1,20 m.

6 *Spartium junceum*
Spartier
Arbustes à tiges pratiquement dépourvues de feuilles rappelant celles du jonc. En été, fleurs jaune vif caractéristiques des légumineuses, sentant le miel. Préfère les sols légers ou calcaires et atteint 2,50 m de haut.

7 *Lupinus arboreus*
Lupin arborescent
Arbuste touffu et persistant, à croissance rapide et vigoureuse. En été, fleurs jaunes caractéristiques des légumineuses. Hauteur d'environ 1,50 m.

8 *Escallonia* 'Iveyi'
Escallonia
De nombreux escallonias poussent un peu trop n'importe comment à mon goût, mais cette espèce est à port bien droit. Feuillage persistant vert foncé et brillant, fleurs blanches apparaissant en août. Dimensions d'environ 1,50 x 1,50 m mais peut atteindre 2,50 m de haut.

9 *Euphorbia polychroma*
Euphorbe polychrome
Plante accrochant facilement le regard avec sa profusion de fleurs jaune cuivré tout au long du printemps. Feuillage rouge en automne. Hauteur d'environ 35-40 cm.

Plantes champêtres

Pour de nombreuses personnes, le jardin de campagne se caractérise par la silhouette généreuse et ondoyante de la végétation, ses couleurs tendres, ses parfums subtils, mais aussi par une atmosphère de calme. On comprend donc qu'en ville, beaucoup de citadins cherchent à retrouver ces caractéristiques dans leur petit jardin coincé entre immeubles et routes bruyantes.

Pour cela, il suffit de décorer le jardin de plantes possédant cet « esprit bucolique », comme celles présentées dans ce chapitre. Vous pouvez les arranger ensemble pour créer une véritable petite tapisserie végétale, ou bien vous contenter d'une ou deux espèces que vous cultiverez en pot pour donner un petit air de campagne au seuil de la porte, sur un rebord de fenêtre ou sur un balcon.

Association indispensable (ci-dessous) Les rosiers grimpants et les digitales sont indispensables pour créer une ambiance bucolique.

Tableau champêtre (ci-contre) En pleine ville, cet assortiment coloré de plantes champêtres fait plus vrai que nature.

Créer une tapisserie végétale

Si à première vue, le jardin de campagne ne semble qu'un arrangement désordonné, voire anarchique, de plantes, ne vous fiez pas aux apparences, car sous cette exubérance végétale se cache une architecture en dur, c'est-à-dire des allées, des murs, des arcades et autres éléments qui structurent la végétation et l'empêchent de se transformer en jungle. Même dans un petit jardin de ville, tout groupe de plantes non sculpturales, comme la nigelle de Damas (*Nigella damascena)*, le houblon (*Lupinus spp.*) ou les dauphinelles (*delphinium spp.*) doit être contre-balancé par des éléments en dur : banc, sculpture et/ou plantes à feuillage décoratif, comme l'oranger du Mexique (*Choisya ternata*), le romarin (*Rosmarinus officinalis*) ou la sauge (*Salvia officinalis*). Ces éléments servent à contenir et délimiter la tapisserie végétale au moment de la floraison des annuelles et des vivaces, et à lui donner plus de forme et d'intérêt esthétique pendant les mois d'hiver.

L'un des attraits du jardin champêtre est son foisonnement végétal, caractérisé par des murs recouverts de verdure et des plates-bandes bien garnies. Vous recréerez cette ambiance dans le plus petit jardin en laissant les plantes autofertiles se reproduire sur du gravier ou entre les interstices du dallage et en habillant les murs et les clôtures de plantes grimpantes.

Gardez-vous d'essayer de donner à votre jardin « champêtre » de ville une touche de romantisme « désuet » en le décorant de poteries et statues anciennes, vous obtiendriez une atmosphère peu naturelle et empruntée. Au contraire, fiez-vous aux couleurs, aux parfums et aux textures des plantes champêtres de votre région, ainsi qu'au style des éléments d'origine du jardin.

1 *Alchemilla mollis*
Alchémille
Plante très commune mais tout de même très jolie, à la fois par son feuillage qui capte la rosée et ses fleurs vaporeuses jaune-vert, éclosent au début de l'été. Grande plante spontanée de 50 x 75 cm.

2 *Rubus* 'Benenden'
Ronce 'Benenden'
Plante ressemblant fortement à un rosier, facile à cultiver. Tout l'été, profusion de fleurs blanc pur à étamines jaunes. Dimensions : 2 x 2 m.

3 *Angelica archangelica*
Angélique
Charmante plante aromatique dont les ombelles de fleurs s'épanouissant en été ressemblent à du persil. Bisannuelle atteignant 2 m de haut.

4 *Fritillaria meleagris*
Fritillaire pintade
J'ai toujours trouvé les plantes de ce genre assez difficile à faire pousser, car il leur faut un sol fertile et bien drainé. Plus appropriées aux prairies qu'en bordure, je vous conseille de les cultiver en pot. En forme de cloche, les fleurs de cette espèce sont indéniablement superbes, délicates et marbrées ; elles éclosent au printemps. Hauteur : 25 cm.

5 *Leucanthemum* x *superbum*
Reine marguerite
Plante vivace et rustique indispensable dans un jardin champêtre, fleurissant en juillet et août. Apprécie les terrains ensoleillés. 1 x 0,60 m.

6 *Eschscholzia California*
Pavot de Californie
Merveilleuse plante spontanée, le plus souvent annuelle. Parsemez-en le jardin et elle se reproduira toute seule. Fleurs jaunes et orange apparaissant au-dessus d'un feuillage coriace gris-bleu, entre le début de l'été et le milieu de l'automne, pour un effet très bucolique. Environ 35 cm de haut.

3

4

5

6

7 *Synringa villosa*
Lilas duveteux
Arbuste ramifié à port érigé et compact.
Floraison à la fin du printemps en panicules dressées.
S'adapte à tout type de sol bien ensoleillé.
Hauteur comprise entre 1,80 m et 3 m.

8 *Verbascum* 'Gainsborough'
Molène
Feuilles basales gris-vert en rosettes,
d'où surgissent, entre juin et la fin de l'été, des tiges
en forme d'épis portant des fleurs jaune citron.
Atteint environ 1,20 m de haut.

9 *Nigella damascena*
Nigelle de Damas
Plante annuelle autrefois très prisée. En été,
belles fleurs bleues apparaissant délicatement
au milieu d'une nuée de feuilles vertes et coriaces.
Dimensions : 50 x 25 cm.

10 *Achillea* 'Moonshine'
Achillée 'Moonshine'
Vivace à feuillage argenté appréciant les sols de qualité, ensoleillés ou ombragés. En été, inflorescences jaune soufre en corymbes, feuilles gris argenté. Cet hybride atteint 60 cm environ.

11 *Rosa* 'Constance Spry'
Rosier 'Constance Spry'
À condition de pouvoir les planter, les rosiers grimpants sont incontournables dans un jardin champêtre. Au milieu de l'été, les fleurs de 'Constance Spry' dégagent un fort parfum de myrrhe et leur teinte rose uni attire immanquablement le regard.

12 *Echinops ritro*
Chardon bleu, azurite
Plante architecturale idéale en bordure. Feuilles épineuses et cotonneuses très décoratives au printemps, avant l'apparition des fleurs à la fin de l'été. Environ 75 cm de haut.

Plantes architecturales

Les plantes architecturales sont au jardin ce que les points d'exclamation sont à l'écriture ou les silences au théâtre. On les appelle ainsi à cause de la forme sculpturale de leur feuillage, de leur tronc ou de leurs branches, qui en font des plantes phares pouvant être plantées en isolé afin de créer un point de mire bien visible ou de structurer un ensemble plus désordonné de plantes.

« Structurer un ensemble désordonné de plantes. »

Différents impacts

L'impact des plantes architecturales dépend de leur forme. Le cyprès d'Italie (*Cupressus sempervirens* 'stricta') se caractérise, par exemple, par une élégante silhouette élancée qui peut servir de point de repère dans un paysage urbain ou sur une ligne d'horizon dégagée. L'if d'Irlande (*Taxus baccata* 'fastigiata') est plus large mais produit le même effet. Côté arbustes, on peut citer *Fatsia japonica* et x *Fatshedera lizei.* Tous deux peuvent être cultivés en pot et leur feuillage étincelant convient particulièrement bien aux jardins de ville. Optez pour un *Choisya ternata* si vous préférez de belles formes arrondies ou pour des yuccas et des phormiums si vous aimez les formes anguleuses. Parmi les vivaces architecturales, on compte les espèces de *Hosta* et les cultivars de *Bergenia cordifolia.* Plantées en massifs, elles ponctuent l'ensemble et contiennent le fouillis créé par les belles fleurs éphémères des autres vivaces. Les plantes grimpantes à feuillage très ornemental, comme la vigne de Coignet (*Vitis coignetiae*), assez rustique, ou les lierres (*Hedera*) à grandes feuilles, donnent du caractère et de la couleur à toute surface verticale.

Feuillage décoratif (ci-contre) *Astelia* à feuilles vert argenté au premier plan et *Phormium tenax* à l'arrière-plan.

1 *Rhus typhina*
Sumac de Virginie ou S. amarante
Feuillage très découpé et donc anguleux. Branches ressemblant aux bois de cerf, assez visible une fois les feuilles tombées. Dimensions : 3,50 x 5 m, puis 8 m au bout de nombreuses années.

2 *Rodgersia podophylla*
Rodgersia
Plante vivace à très grandes feuilles (jusqu'à 30 cm de large) et panicules de fleurs crème. Apprécie les habitats humides et forme un joli contraste avec des plantes aquatiques à port droit, comme par exemple *Iris laevigata*. Dimensions : 1 x 1,20 m.

3 *Choisya ternata* 'Sundance'
Oranger du Mexique à feuillage doré
Les formes arrondies de cette variété d'arbuste persistant donneront à votre jardin un rythme subtil et agréable toute l'année. À la fin du printemps, le feuillage brillant et doré se couvre d'une abondante floraison blanche et parfumée. À planter au soleil ou à mi-ombre, à l'abri du vent. Dimensions : 1 x 1 m, taille adulte pouvant atteindre 1,80 m.

4 *Cordyline australis Purpurea*
Cordyline australe
Arbre à port très vertical, à longues feuilles ensiformes qui seront mises en valeur sur une toile de fond neutre. Dimensions : 2,40 x 2 m mais peut atteindre 5 m au bout de plusieurs années.

5 *Juniperus scopulorum*
Genévrier
Arbre à port colonnaire très étroit, de 2,50 m de haut. C'est un bon substitut au cyprès italien (*Cupressus sempervirens*) qui prend trop de place dans un petit jardin.

6 *Phormium cookianum*
Lin de Nouvelle-Zélande
Magnifique plante architecturale à feuilles ensiformes et striées d'environ 1 m de long chacune. Variété légèrement plus petite que *P. tenax* mais également moins robuste.

7 *Taxus baccata* 'Fastigiata'
If d'Irlande
Arbre indigène plus rustique et encore plus foncé et plus fastigié que le genévrier. Tolère la plupart des sols et des habitats. Atteint 2 m de haut, un peu moins s'il s'agit de la variété à feuillage doré. Peut être taillé pour former une haie.

8 *Allium hollandicum*
Ail décoratif
Bulbe vivace produisant à la fin du printemps des têtes florales arrondies de couleur rose-violet, à planter en massif pour plus d'effet. Hauteur : 1 m.

9 *Melianthus major*
Grande mélianthe
Arbuste moyennement rustique à joli feuillage gris-bleu atteignant 3 m de haut, mais que vous pouvez rabattre en hiver. Étranges fleurs rouge-brun à la fin de l'été.

Graminées

L'utilisation de graminées dans l'art de créer un jardin est assez récente, même si l'on trouvait déjà de l'herbe de la Pampa (*Cortaderia*) et des alpistes (*Phalaris*) dans les jardins du début du XXe siècle. Les graminées sont difficiles à manier, il ne suffit pas de les planter dans une plate-bande d'herbacées ou de plantes variées pour qu'elles fassent de l'effet. Il est plutôt recommandé de les planter en massif, en les mariant éventuellement à d'autres vivaces.

Conditions de croissance

La mode des graminées nous vient des prairies d'Amérique du Nord et de l'Europe du Nord où elles s'accommodent bien des étés chauds et secs et des hivers neigeux. Sous nos climats plus tempérés, de nombreuses espèces ont un port trop souple, surtout si le sol a été amendé, et sont souvent endommagées par les orages d'été. Résultat, je trouve qu'en automne, elles ont déjà perdu beaucoup de leur charme, alors que c'est la période où elles devraient être mises en valeur par des asters, des sédums et des rudbeckies. Néanmoins, si elles poussent sur un sol non amendé, elles pourront être du plus bel effet, mais encore faut-il que le jardin ne soit pas trop petit.

Jardin de graminées (ci-contre)
Stipa calamagrostis à port dense, tiges en fontaine et élégants épis vert argenté.

1 *Cortaderia selloana*
Herbe de la Pampa
Plante très connue, en touffes grossières, d'où jaillissent en été de grandes et belles panicules blanc-argenté. Très courante, elle se décline aujourd'hui en de nouvelles variétés plus élégantes, qui sont très esthétiques lorsqu'elles poussent côte à côte.

2 *Arundo donax* var. *versicolor*
Canne de Provence
Graminée de 2 m de haut à planter de préférence en isolé car elle peut prendre beaucoup de place dans un petit jardin. La variété panachée est moins rustique que l'espèce, mais très spectaculaire.

3 *Pennisetum alopecuroides*
Herbe aux écouvillons
Graminée en touffes à floraison abondante, de 60-80 cm de haut environ. Feuilles étalées prenant une teinte dorée en automne. Fleurs brun-rouge en épillets pointus, faisant penser à des brosses écouvillons.

4 *Miscanthus sinensis* 'Silberfeder'
Eulalie à feuilles argentées
Graminée décorative à port colonnaire, feuilles rubanées, grandes tiges portant des panicules plumeuses rose argenté. Hauteur : 2 m.

5 *Stipa capillata*
Stipe capillaire ou stipe chevelue
Touffes de feuilles arquées très fines se couvrant à la fin de l'été de longues fleurs blanc argenté, puis s'assombrissant en automne. À planter en climat chaud et ensoleillé. Environ 60 cm de haut.

6 *Helictotrichon sempervirens*
Avoine vivace
Tiges arquées gris-bleu vif, fleurs de la même couleur ressemblant à celles de l'avoine. Atteint 1,20 m, une hauteur pratique.

7 *Carex elata* 'Aurea'
Laîche dorée
Cette variété jaune vif porte des fleurs en épis bruns. Préfère les sols ensoleillés et humides et se révèle le mieux près d'un plan d'eau. Hauteur : 60 cm.

8 *Festuca valesiaca* var. *glaucantha* 'Silbersee'
Fétuque du Valais
La plus bleue des graminées de cette couleur, à cultiver en massif pour un effet optimal. Faites-la contraster avec des joubarbes, du thym ou des œillets. Pousse sur un sol sec et ensoleillé, jusqu'à 23 cm.

Topiaires

Même si l'art topiaire (qui consiste à sculpter les arbres de manière architecturale) fait immédiatement penser aux jardins du XVIIe siècle jalonnés d'ifs taillés en pyramide et autres buis en forme de coq, il n'est pas du tout insensé de l'utiliser dans les jardins urbains d'aujourd'hui. En effet, les formes soigneusement taillées des topiaires accompagnent très bien les lignes tranchées des structures en dur du jardin.

Les styles topiaires

Les topiaires de formes contrastées peuvent être regroupées pour créer une belle scène sur toile de fond neutre, par exemple un mur peint ou des plantes centrales installées en isolé. Dans les petits espaces, privilégiez les formes géométriques simples plutôt que les formes trop figuratives et complexes. Si vous devez placer une topiaire près d'un bâtiment, pourquoi ne pas reprendre les caractéristiques architecturales de celui-ci (même une forme de fenêtre) ?

Dans les jardins scandinaves du début du XXe siècle, les haies étaient soigneusement taillées afin que la netteté de leurs lignes contraste avec les formes naturellement plus irrégulières des autres plantes. Vous pouvez reprendre ce principe tout en sachant que dans un petit jardin, vous devrez peut-être vous contenter de tailler votre haie de buis en un motif simple et le faire contraster avec un environnement plus banal, comme du gravier de couleur claire ou des plantes à port plus souple. Les topiaires sont toujours mieux mises en valeur dans des pots discrets (ainsi le regard n'est pas distrait) et elles peuvent mettre en scène le moindre espace, comme un pas de porte ou un passage étroit.

Entretien des plantes

De nombreuses plantes pouvant être taillées en topiaires sont par nature très gourmandes et le deviennent encore plus une fois taillées, lorsqu'elles essaient de donner naissance à de nouveaux pieds. Vous devez donc leur offrir un compost riche, les nourrir et les arroser souvent. Exposez-les en plein soleil, pour favoriser leur croissance, et à l'abri du vent.

Sculpture végétale (ci-contre) Le coq est un motif classique de l'art topiaire, toujours impressionnant.

1 *Buxus sempervirens*
Buis
Les feuilles vert foncé et brillantes du buis sont idéales pour border les parterres de fleurs. Ici, les buis taillés en boule finiront par former une haie entourant des bergénias. Le buis peut pousser de manière naturelle ou bien être taillé.

2 *Ilex aquifolium*
Houx
Le houx croît assez lentement, ce qui signifie qu'une fois taillé en topiaire, vous n'avez pas besoin de le retoucher trop souvent. La taille implique la disparition des fleurs produisant les baies, mais certaines variétés panachées n'ont pas besoin de celles-ci pour être très esthétiques.

3 *Ilex crenata*
Moins souvent utilisée, cette variété de houx possède de minuscules feuilles brillantes et croît très lentement. Si vous ne la taillez pas trop, elle produira de petits fruits noirs et brillants.

4 *Fagus sylvatica*
Hêtre
Le hêtre est très beau en haie mais se révèle parfois trop vigoureux dans un petit jardin. Bien qu'il soit caduc, ses feuilles restent assez longtemps accrochées aux branches et continuent de briller en hiver.

5 *Crataegus monogyna*
Aubépine
Plante très rustique et robuste, parfaite en haie. Elle peut également être taillée et donner de beaux résultats. Pousse quasiment partout.

6 *Pyracantha spp.*
Buisson ardent

J'aime beaucoup les petites fleurs blanches de cette plante, qui éclosent au début de l'été et laissent ensuite la place aux baies jaunes, orange ou rouges jusqu'en automne. Le buisson ardent peut être taillé en une belle sculpture ou servir de séparation. Les anciennes espèces étaient sujettes à la maladie du feu bactérien, mais aujourd'hui, les nouvelles variétés semblent plus résistantes.

7 *Carpinus betulus*
Charme commun

Comme le hêtre, le charme conserve des feuilles caduques assez longtemps. Son feuillage est cependant légèrement plus dense et très fréquemment taillé en topiaire.

8 *Ligustrum* spp.
Troène

Arbre très gourmand qui appauvrit le sol, mais facile à tailler. Croissance rapide.

Plantes aquatiques

Aussi petit et formel qu'il soit, un plan d'eau peut toujours être embelli avec des plantes, poussant directement dans l'eau ou en bordure. Dans un petit jardin, n'essayez pas de recréer l'aspect d'une mare naturelle (c'est-à-dire sa forme et sa végétation), car le rendu risque de manquer de naturel et d'être plutôt emprunté.

Plantes immergées

Plus un plan d'eau est petit, plus il faut limiter le nombre et la diversité des plantes. Vous pouvez rendre un bassin très esthétique même avec une seule variété de plante. Si vous possédez des conteneurs remplis d'eau, placez une plante aquatique différente dans chacun d'eux. Les tiges droites et les feuilles des iris, des laîches et des acores forment un très beau contraste avec le calme de la surface. Les plantes à feuilles flottantes intensifient cette impression de douceur.

Si la place le permet, vous pouvez combiner des formes horizontales et verticales. Les plantes palustres (qui poussent les pieds dans l'eau), à port droit ou arqué s'équilibrent bien avec un jet d'eau ou une petite cascade.

Il est recommandé de planter les espèces flottantes (nénuphars) dans des paniers ou des pots au fond du bassin. Il en va de même pour les palustres, afin que seul leur pied soit immergé.

Plantes de berge

Les plantes de berge jouent le rôle de trait d'union entre un plan d'eau et le reste du jardin, en accentuant le caractère aquatique du bassin et en se reflétant dans l'eau. Les espèces touffues comme les hostas, les fougères ou les bambous apprécient beaucoup l'humidité et trouvent donc naturellement leur place au bord d'un bassin. Si les berges ne sont pas suffisamment détrempées, plantez-les en pot et arrosez abondamment.

Plantes envahissantes Il est très tentant d'utiliser des plantes aquatiques à grandes feuilles mais ici, celles de ce *Petasites japonicus* var. *giganteus,* très arrondies, risquent de devenir trop envahissantes dans un petit jardin. Optez plutôt pour un iris faux-acore, plus facile à maîtriser.

1 *Alisma plantago-aquatica*
Plantain d'eau

Les très longues tiges de cette plante semi-aquatique sont souvent aériennes et portent des feuilles vertes pointues. En été, profusion de minuscules fleurs blanches poussant sur de délicates tiges d'environ 60 cm de haut et s'exprimant en belles touffes vaporeuses au milieu du feuillage.

2 *Iris pseudacorus*
Iris faux-acore

Espèce d'iris non barbu, touffu et vigoureux. *I. pseudoacorus* var. *bastardii* est moins rampant et possède des fleurs pâles jaune crème. Hauteur variant selon les variétés, entre 60 cm pour la forme naine et 2 m.

3 *Nymphaea* 'Virginalis'
Nénuphar 'Virginalis'

Le blanc très pur des pétales coniques de ce nénuphar contraste joliment avec le vert foncé des feuilles. Assez lent à s'établir mais, si vous êtes patient, vous profiterez de l'une des floraisons les plus longues qui soit, souvent supérieure à quatre mois. Feuilles très larges. Profondeur de plantation de 90 cm maximum.

3

4 *Nymphaea* 'Escarboucle'
Nénuphar 'Escarboucle'
Vous apprécierez mieux les superbes couleurs de cette espèce (pétales rouge vif, anthères jaune foncé et feuilles vert foncé) si vous ne l'associez à aucune autre plante aquatique. Prévoyez un bassin assez grand car les feuilles sont très larges. Une fois établi, le nénuphar se couvre d'une abondance de fleurs, entre l'été et le début de l'automne. Profondeur de plantation : 45 cm maximum.

5 *Hydrocleys nymphoides*
Cette plante semblera plus rafraîchissante dans une jardinière en bois (trois-quarts de terre pour un quart d'eau).

6 *Acorus calamus* 'Variegatus'
Acore vrai panaché
Ce roseau à feuilles verticales coupantes contraste avec la surface horizontale de l'eau stagnante. Environ 1 m de haut.

7 *Hosta lancifolia*
Feuilles brillantes vert foncé, profusion de fleurs mauves à la fin de l'été. Pousse sur sol humide mais non détrempé.

8 *Lysichiton americanus*
Lysichiton américain
Spectaculaire plante dont les spathes, qui apparaissent au début du printemps, se déroulent pour laisser voir de superbes spadices jaunes, suivis d'immenses feuilles vertes rappelant celles du bananier. À planter au soleil, dans la vase ou une eau peu profonde. Dimensions : 1,20 x 1,50 m.

9 *Caltha palustris*
Populage des marais
Fleurs précoces rappelant celles des boutons d'or, mais il existe aussi des variétés à fleurs doubles ou fleurs blanches. Plus adapté aux grands jardins, en sol humide. Dimensions : 50 x 60 cm.

INDEX

A

B

C

D

M

N

O

P

Q

R

S

T

V

Remerciements de l'auteur

C'est la première fois que je reprends un livre que j'avais écrit un certain temps auparavant. Les nouvelles expériences sont, dit-on, toujours enrichissantes, mais je trouve celle-ci plutôt délicate : si je reste aujourd'hui d'accord (fort heureusement) avec l'essentiel de ce que j'avais écrit alors, certaines choses m'ont paru terriblement dater, et j'ai dû les supprimer.

Je tiens à remercier David Lamb, tout d'abord, qui m'a soutenu dans cette entreprise ; Andrew Milne et toute l'équipe de Bridgewater Book Company qui ont ressuscité cet ouvrage, je pourrais dire, mais en fait c'est comme un nouveau livre qu'ils ont réalisé avec un si grand succès pour Dorling Kindersley. Enfin, merci à Claudia Murphy qui a saisi mes textes et légendes sur son merveilleux ordinateur...

Je tiens à remercier également les nombreux propriétaires de jardins qui m'ont guidé dans les arcanes de notre art – à supposé que cela en soit un – ainsi que leurs paysagistes. J'espère que tous les paysagistes ont été cités, mais malgré nos efforts quelques-uns d'entre eux, ainsi que certains photographes, peuvent nous avoir échappé. Je présente nos excuses à ceux que nous aurions malencontreusement oubliés.

Crédits photographiques

2-3 : Marianne Majerus Photography, paysagiste : Alastair Howe Architects ; **4 gauche : The Garden Collection/**Liz Eddison, paysagiste : Jack Merlo, Fleming's Nurseries, Australie ; **4 droite : Steve Gunther,** paysagiste : Judy Kameon, Etats-Unis ; **5 gauche : Garden Exposures Photo Library,** paysagiste : Fiona Lawrenson ; **5 droite : John Glover ; 7 : John Brookes ; 9 : Steve Gunther,** paysagiste : Judy Kameon, États-Unis ; **10 :** Spike Powell/**elizabethwhiting.com ; 11 : Jerry Harpur,** paysagiste : Steve Martino, Etats-Unis ; **12-13 : Marianne Majerus Photography,** paysagiste : Ruth Collier ; **14 : The Garden Collection/**Liz Eddison, paysagiste : Jack Merlo, Fleming's Nurseries, Australie ; **14-15 : The Garden Collection/**Liz Eddison, paysagiste : Kate Gould ; **16 : The Garden Collection/**Gary Rogers, paysagistes : Monika Johannes et Malte Droege-Jung ; **17 en bas : Steve Gunther,** paysagiste : Paul Robbins, Etats-Unis ; **17 en haut : Red Cover.com/**Andreas von Einsiedel ; **18-19 Marianne Majerus Photography,** paysagiste : Claire Mee Designs ; **19 : Garden Exposures Photo Library :** Bakers Garden/Gerhardt Jenner ; **20-21 : Clive Nichols,** paysagiste : Bob Swain, Seattle, Etats-Unis ; **22 : Leigh Clapp,** paysagiste : Darryl Mappin ; **23 : Red Cover.com/** Amanda Turner ; **24 : Clive Nichols,** paysagiste : Charlotte Sanderson ; **25 gauche : Jerry Harpur,** paysagiste : Fergus Garret ; **25 droite : Red Cover.com/** Polly Farquharson ; **26-35 : John Brookes ; 37 : Marion Brenner,** paysagiste : Anni Jensen, Californie, Etats-Unis ; **38-39 : Steve Wooster,** paysagiste : Ben McMaster ; **40-41 : Steve Wooster,** paysagiste : Luciano Giubbilei ; **42 : Steve Wooster,** paysagiste : Di Firth, Nouvelle-Zélande ; **43 en haut : The Garden Collection/**Liz Eddison, paysagiste : Marney Hall ; **43 en bas : Garden Exposures Photo Library :** Victoria Kerr, Wilts ; **44-45 : Modeste Herwig,** paysagiste : Jos V.D.Lindeloof ; **46 : Red Cover.com/**N Minh et J Wass ; **47 : John Brookes ; 48 : Marion Brenner,** paysagiste : Stephen Suzman, Californie, Etats-Unis ; **49 : Gil Hanly,** paysagiste : Sophie Henderson, Haumoana, Hawkes Bay, Nouvelle-Zélande ; **50 en haut : Marion Brenner :** Von Hellens ; **50 en bas : Nicola Browne,** paysagiste : Ted Smyth, Nouvelle-Zélande ; **51 en haut : Nicola Browne,** paysagiste : Ted Smyth, Nouvelle-Zélande ; **51 en bas : Clive Nichols,** paysagistes : Alison Wear et Miranda Melville ; **52-53 : Gil Hanly,** paysagiste : Ben McMaster, Nouvelle-Zélande ; **54-55 : DK Images/**Steve Wooster : Room 105 Design Partnership, Chelsea Flower Show 2005 ; **55 gauche : Colin Walton :** www.marniemoyle.co.uk ; **55 à droite : The Garden Collection/**Marie O'Hara ; **56 :** Di Lewis/**elizabethwhiting.com ; 57 gauche : Nicola Stocken Tomkins :** West Green House Cottage, Hants ; **57 à droite : Clive Nichols,** paysagiste : Sarah Layton ; **58 : Nicola Browne,** paysagiste : Kristof Swinnen ; **59 : Arcaid.co.uk/**Richard Powers/ Daniel Marshall Architect, Nouvelle-Zélande ; **60 : Derek St Romaine,** paysagiste : Alistair Davidson ; **61 : Garden Exposures Photo Library,** paysagiste : The Plant Room ; 62-63 : John Brookes ; **64 : Marianne Majerus Photography,** paysagiste : Marie Clarke ; **65 : Marianne Majerus Photography ; 66 en bas : Leigh Clapp,** propriétaire : Johnathan Sunley, paysagiste : Jamie Higham, Greendot Gardens ; **66 en haut : Marianne Majerus Photography,** paysagiste : George Carter ; **67 en haut : John Brookes ; 67 en bas : Nicola Stocken Tomkins,** paysagistes : Capstick/Saddington/Tatton Park Flower Show 2004 ; **69 en haut et en bas à droite : John Brookes ; 69 en haut et en bas à gauche : Colin Walton,** paysagiste : John Brookes ; **70-73 : Colin Walton,** paysagiste : John Brookes ; **74-75 : Brian T. North,** paysagiste : John Brookes ; **77 :** John Brookes ; **78-79 : Brian T. North,** paysagiste : John Brookes ; **80-83 : Colin Walton,** paysagiste : John Brookes ; **84-85 : DK Images/**Geoff Dann ; **85 : John Brookes ; 86-89 : DK Images/**Geoff Dann ; **91 : Clive Nichols,** paysagiste : Joe Swift et Thamasin Marsh ; **92-93 : Garden Exposures Photo Library,** paysagiste : Joe Swift pour Sue Dubois ;. **94 : Jerry Harpur,** paysagiste : Christoph Swinnen, Belgique ; **95 : Steve Wooster,** paysagiste : Nigel Cameron ; **96 en bas à gauche et à droite : John Brookes ; 96 en haut à droite : Philip Kerridge de Landscape Definitions ; 98-101 : Philip Kerridge de Landscape Definitions ; 102-105 : John Brookes ; 106 en haut à gauche : Leigh Clapp ; 106 en bas à gauche : Leigh Clapp,** paysagiste : Peter Fudge, Gardening Australia Live ; **106 en bas à droite : Garden Exposures Photo Library,** paysagiste : Van Sweden Design, Washington DC ; **106 en haut à droite : Red Cover.com/**Hugh Palmer ; **107 : Nicola Browne,** paysagiste : Steve Martino, Etats-Unis ; **108 : Leigh Clapp ; 109 en**

haut : Colin Walton ; 109 en bas : Anne Green-Armytage : Kent Design ; **110 : The Garden Collection/**Liz Eddison, paysagiste : Bob Purnell ; **110-111 : Colin Walton ; 111 en bas à gauche : Colin Walton ; 111 à droite : The Garden Collection/**Liz Eddison, paysagiste : David MacQueen, Orangenbleu ; **112 à gauche : Nicola Browne,** paysagiste : Trudy Crerar ; **112 à droite : Andrew Lawson,** paysagiste : John Brookes, Altamont ; **113 : Nicola Browne,** paysagiste : Ross Palmer ; **114 à droite : Henk Dijkman,** paysagiste : Martien Koelemeijer ; **114 à gauche : Jerry Harpur,** paysagiste : Roberto Silva pour Amanda Foster, Putney ; **115 : Garden Exposures Photo Library,** paysagiste : Joe Swift pour Sue Dubois. ; **116-117 : www.helenfickling.com,** paysagiste : Amir Schlezinger, Mylandscapes, Londres ; **117 : Henk Dijkman,** paysagiste : Haneghem bv ; **118 : John Glover,** paysagiste : Allison Armour Wilson ; **119 : John Glover,** paysagiste : Fiona Lawrenson, Chelsea Flower Show 1997/artiste : John Simpson ; **120 en bas : DK Images/**Steve Wooster, paysagiste : Jack Merlo, Fleming's Nurseries, Australie ; **120 en haut : The Garden Collection/**Liz Eddison, paysagiste : Christopher Bradley-Hole, Chelsea Flower Show 2005 ; **121 à gauche : Arcaid.co.uk/**Alan Weintraub, paysagiste : Isay Weinfeld, Brésil ; **121 à droite : Leigh Clapp,** paysagiste : Peter Fudge/Gardening Australia Live ; **122 : The Garden Collection/**Jonathan Buckley, paysagiste : Jackie McLaren, Westwood Park, Londres ; **123 en bas : Andrew Lawson ; 123 en haut : Derek St Romaine,** paysagistes : Rob Jones, Mathew Stewart et Ben Gluszkowski, Tatton Park 2003 ; **124 en bas à droite : Arcaid.co.uk/**Alan Weintraub/Nathaniel et Margaret Owings, États-Unis ; **124 en bas à gauche : Marion Brenner,** paysagiste : Andrea Cochrane Landscape Architecture, Californie, Etats-Unis ; **124 en haut à gauche : Clive Nichols,** paysagistes : Patrick Wynniat–Husey et Patrick Clarke ; **124 en haut à droite : View Pictures/**Philip Bier ; **125 à droite : Nicola Browne,** paysagiste : Ross Palmer ; **125 à gauche :** Bruce Hemming/**elizabethwhiting.com ; 126 : Clive Nichols,** paysagiste : Stephen Woodhams ; **127 en haut : Andrew Lawson,** paysagiste : Anthony Noel ; **127 en bas : Marianne Majerus Photography ; 129 : Marianne Majerus Photography,** paysagiste : George Carter ; **130 : Derek St Romaine,** paysagiste : Andrew Anderson ; **131 : Sunniva Harte ; 132 à droite : John Glover : Sharon Osmund,** Berkeley, Californie ; **132 à gauche : Jerry Harpur :** Bertholt Vogt, Londres ; **133 : Jerry Harpur,** paysagiste : Philip Roche pour Arlene Mann ; **134 à gauche : Leigh Clapp :** Taylor Cullity Design ; **134 à droite : View Pictures/**Philip Bier ; **136 : Colin Walton ; 136-137 : Jerry Harpur,** paysagiste : Christina Lemehaute, Buenos Aires ; **137 : Jerry Harpur,** paysagiste : Christopher Masson ; **138 en haut : Nicola Browne,** paysagiste : James van Sweden, Etats-Unis ; **138 en bas à gauche : Clive Nichols,** paysagiste : Sarah Layton ; **138 en bas à droite : Clive Nichols,** paysagistes : Bill Smith et Dennis Schrader, Long Island, Etats-Unis ; **140 : Marianne Majerus Photography,** paysagiste : Paul Gazerwitz ; **140-141 : Steve Wooster,** paysagiste : Luciano Giubbilei ; **142 : John Glover ; 143 à gauche : www.helenfickling.com,** paysagiste : Amir Schlezinger, Mylandscapes, Londres ; **143 à droite : Marianne Majerus Photography,** paysagiste : Susanne Blair ; **144 en haut : Nicola Browne,** paysagiste : Ross Palmer ; **144 en bas : Marianne Majerus Photography,** paysagiste : Christopher Bradley-Hole ; **146 à gauche : John Glover,** paysagiste : Steven Crisp ; **146 à droite : Andrew Lawson,** paysagiste : Camilla Shivarg ; **147 gauche : Arcaid.co.uk/** Nicholas Kane/Sakula Ash Architects ; **147 à droite : Nicola Browne,** paysagiste : Kim Wilkie ; **148 à droite : John Glover,** paysagiste : Susy Smith ; **148 à gauche : View Pictures/**Paul Raftery ; **150 : Garden Exposures Photo Library ; 151 en haut à gauche et à droite : John Glover ; 151 en bas à gauche : Jerry Harpur,** paysagiste : Annie Fisher, Etats-Unis ; **151 en bas à droite : John Glover,** paysagiste : Andrea Parsons, Chelsea Flower Show 1997 ; **152 : John Glover ; 153 : Marianne Majerus Photography,** paysagiste : Jill Billington ; **154 : The Garden Collection/**Gary Rogers, paysagistes : Monika Johannes et Malte Droege-Jung ; **155 en haut : The Garden Collection/**Liz Eddison, paysagiste : Kay Yamada ; **155 centre : Marianne Majerus Photography,** paysagiste : Natalie Charles, Merrist Wood, Chelsea Flower Show 2002 ; **155 en bas : Modeste Herwig,** paysagiste : Buro Vis à Vis ; **157 : Garden Exposures Photo Library,** paysagiste : Fiona Lawrenson ; **158-159 : Derek St Romaine,** paysagiste : Philip Nash ; **159 : www.helenfickling.com,** paysagiste : Amir Schlezinger, Mylandscapes, Londres ; **160 : Colin Walton ; 160-161 : Steve Wooster,** paysagiste : Nigel Cameron, Nouvelle-Zélande ; **161 : Colin Walton,** paysagiste : wrightgardens.co.uk ; **162 en haut à droite : Colin Walton ; 162 en haut à gauche : www.helenfickling.com,** paysagiste : Andrew Duff, Chelsea Flower Show 2004 : **162 en bas à gauche : Anne Green-Armytage :** Shirley Gilbert, Norfolk ; **162 : Derek St Romaine ; 163 : Jerry Harpur,** paysagiste : Graham McCleary de Natural Habitat pour Pierre et Sue Legrange, Nouvelle-Zélande ; **164 : Marianne Majerus Photography :** The Surprise Gardeners, Chelsea Flower Show 2002 ; **165 : Jerry Harpur,** paysagiste : Topher Delaney, Californie, Etats-Unis ; **166 en bas : Arcaid.co.uk/**Richard Bryant : **166 en haut : Steve Wooster,** paysagiste : Ted Smyth, architecte : Ron Sang, Nouvelle-Zélande ; **167 en haut : Colin Walton ; 167 en bas : Jerry Harpur,** paysagiste : Jenny Jones ; **169 en haut à droite : Arcaid.co.uk/**George Seper : BELLE/Stephan et Simon Rodrigues, Australie ; **169 en bas à droite : Colin Walton ; 169 en bas à gauche : www.helenfickling.com,** paysagiste : Raymond Jungles, Inc, The Keys, Floride ; **169 en haut à gauche : Garden Exposures Photo Library ; 170 en haut : Colin Walton ; 170 centre : The Garden Collection/**Liz Eddison ; **170 en bas : Maurice Nimmo/Frank Lane Picture Agency/CORBIS ; 171 en haut à gauche : The Garden Collection/**Liz Eddison, paysagiste : Jane Mooney, Hampton Court Flower Show 2002 ; **171 en haut au centre : The Garden Collection/**Michelle Garrett ; **171 en haut à droite : The Garden Collection/**Liz Eddison, paysagiste : Jill Brindle, Tatton Park Flower Show 2005 ; **171 au centre à gauche : The Garden Collection/**Liz Eddison, paysagiste : Hannah Genders, Chelsea Flower Show 2004 ; **171 en bas à gauche : The Garden Collection/**Gary Rogers ; **171 en bas à droite : The Garden**

Collection/Liz Eddison, paysagiste : Ali Ward ; **172 : Clive Nichols,** paysagistes : Clive et Jane Nichols ; **173 : Derek St Romaine,** paysagiste : Andrew Yates, 'Out of the Woods', Tatton Park Flower Show 2003 ; **174 à gauche : Colin Walton,** remerciements à Doreen Armstrong, paysagiste : Olive Gillespie ; **174 à droite : Marianne Majerus Photography :** Claire Mee Designs ; **175 en haut : Leigh Clapp, paysagiste :** Allison Armour-Wilson ; **175 en bas : The Garden Collection/**Jonathan Buckley, paysagiste : Paul Kelly, Church Lane, Londres ; **176 en haut : Steve Wooster,** paysagiste : The Living Earth Company, Ellerslie Flowe Show 1998, Nouvelle-Zélande ; **176 centre : Leigh Clapp,** paysagiste : Greendot Garden ; **176 en bas : John Brookes ; 177 : Nicola Browne,** paysagiste : Ross Palmer ; **178 en haut et au centre : Colin Walton ; 178 en bas : Jefferson Smith pour Gardenlife Magazine ; 179 : Jefferson Smith pour Gardenlife Magazine ; 180 : Jerry Harpur,** paysagiste : Kan Izue, Japan ; **181 : Gil Hanly,** paysagiste : Chris Gloom ; **182 en haut : www.helenfickling.com,** paysagiste : Catherine Mason, **182 en bas : Leigh Clapp :** Cherry Mills Garden Design ; **183 à gauche : Marion Brenner,** paysagiste : Bob Clark, Californie, Etats-Unis ; **183 à droite : Gil Hanly :** Julie Nicholson, Auckland, Nouvelle-Zélande ; **184 : Steve Wooster ; 185 : Garden Exposures Photo Library ; 186-187 : Anne Green-Armytage :** Shirley Gilbert, Norfolk ; **187 : Nicola Browne,** paysagiste : Isabelle Greene ; **188 à gauche : The Garden Collection/**Liz Eddison ; **188 à droite : Clive Nichols,** paysagistes : Joe Swift et Thamasin Marsh ; **189 : John Brookes ; 190 en haut : Modeste Herwig,** paysagiste : Landvast, Floriade 2002 ; **190 centre : Arcaid.co.uk/**David Churchill/architectes : Sticklandcoombe.com ; **190 en bas : Clive Nichols,** paysagistes : Joe Swift et Thamasin Marsh ; **191 : Modeste Herwig,** paysagiste : Jan v.d.Kloet pour Frenkel Frank ; **192 en haut à gauche : Andrew Lawson ; 192 en bas à gauche : Nicola Browne,** paysagiste : Trudy Crerar ; **192 en haut à droite : Colin Walton,** paysagiste : John Elliott ; **192 en bas à droite : John Glover,** paysagiste : Karen Maskell, Hampton Court Flower Show 2000 ; **193 à gauche : Andrew Lawson,** paysagistes : Kim Jarrett et Trish Waugh, Chelsea Flower Show 2004 ; **193 à droite :** Karl-Dietrich Buhler/**elizabethwhiting.com ; 194 à gauche : Andrew Lawson,** paysagiste : Ryl Nowell, Wilderness Farm ; **194 à droite : John Glover,** paysagiste : Maggie Howarth, Chelsea Flower Show 2004 ; **195 : John Glover,** paysagiste : Barbara Hunt ; **197 en haut à gauche : Garden Exposures Photo Library,** paysagiste : Sam Woodroofe, Modular Gardens ; **197 en haut à droite : Garden Exposures Photo Library ; 197 en bas à gauche : John Glover :** Fair Oaks, Californie ; **197 en bas à droite : John Glover,** paysagiste : Huw Cox, Hampton Court Flower Show 2003 ; **198 en haut : David Lamb ; 198 centre : John Brookes ; 198 en bas : Marianne Majerus Photography,** paysagiste : Bunny Guinness ; **199 en haut à gauche : David Lamb ; 199 en haut au centre : Nicola Browne,** paysagiste : LUT, British Embassy, Washington ; **199 en haut à droite : Sunniva Harte ; 199 au centre à droite : Clive Nichols,** paysagiste : Alison Wear Associates ; **199 en bas à droite : Nicola Browne,** paysagiste : Ulf Nordfjell ; **199 en bas à gauche : Derek St Romaine,** paysagiste : Cleve West ; **200 : Clive Nichols,** paysagiste : Tony Heywood, Conceptual Gardens 'The Drop' ; **201 : The Garden Collection/**Liz Eddison, paysagiste : Jackie Knight ; **202 en haut : Garden Exposures Photo Library,** paysagiste : Joe Swift, The Plant Room ; **202 en bas à gauche : The Garden Collection/**Gary Rogers, paysagiste : Monika Johannes et Malte Droege-Jung ; **202 en bas à droite : John Glover ; 203 en haut à gauche :** Rodney Hyett/**elizabethwhiting.com ; 203 en haut à droite : Marianne Majerus Photography,** paysagiste : Peter Chan ; **203 en bas : Marianne Majerus,** paysagiste : Gardens and Beyond ; **204 en haut : Clive Nichols,** paysagiste : Blakedown Landscapes ; **204 en bas : Andrew Lawson,** paysagiste : Courseworks, Mitsubishi, Hampton Court Flower Show 2001 ; **206 en haut : www.helen-fickling.com ; 206 centre : Nicola Browne ; 206 en bas : The Garden Collection/**Jonathan Buckley, paysagiste : Paul Kelly ; **207 en haut à gauche : Nicola Browne,** paysagiste : Isabelle Greene ; **207 en haut à droite, en bas à gauche et en bas au centre : Colin Walton ; 207 au centre à gauche : The Garden Collection/**Marie O'Hara ; **207 en bas à droite : The Garden Collection/**Liz Eddison ; **208 : Arcaid.co.uk/**Alan Weintraub/John Lautner, Etats-Unis ; **209 à gauche : www.helenfickling.com,** paysagiste : Amir Schlezinger, Mylandscapes, Londres ; **209 à droite : Leigh Clapp :** Kingcups Garden ; **211 en haut à gauche : Colin Walton ; 211 en haut à droite : The Garden Collection/**Jonathan Buckley, paysagiste : Diarmuid Gavin, **211 en bas : John Glover,** paysagistes : Grant et Tatlock, Hampton Court Flower Show ; **212 en haut : Nicola Browne,** paysagiste : Ross Palmer ; **212 en bas à gauche : Marianne Majerus Photography,** paysagiste : Gardens and Beyond ; **212 en bas à droite : Marion Brenner,** paysagiste : Andrea Cochrane Landscape Architects, Californie, Etats-Unis ; **213 : Sunniva Harte ; 214 : Modeste Herwig,** paysagiste : Duotuin ; **215 à gauche : The Garden Collection/**Liz Eddison, paysagiste : Michelle Brown, **215 à droite : Marion Brenner ; 216 : Clive Nichols,** paysagiste : Peter Reid, Hampshire ; **217 à gauche : Nicola Browne,** paysagiste : Ted Smyth, Nouvelle-Zélande ; **217 à droite : The Garden Collection/**Liz Eddison, paysagistes : Katie Hines et Steve Day ; **218 à gauche : Garden Exposures Photo Library :** Keukenhof Gardens, Pays-Bas ; **218 à droite : John Glover,** paysagiste : Guy Farthing, Hampton Court Flower Show 2002 ; **219 à gauche : The Garden Collection/**Liz Eddison : Folia Garden Designers ; **219 à droite : Garden Exposures Photo Library ; 220 : Henk Dijkman,** paysagiste : Haneghem bv ; **221 : Leigh Clapp,** paysagiste : Philip Nash ; **222 en haut : Garden Exposures Photo Library ; 222 en bas : Steve Wooster ; 223 : The Garden Collection/**Gary Rogers, paysagistes : Monika Johannes et Malte Droege-Jung ; **224 en haut à gauche et à droite : Colin Walton ; 224 en bas à gauche : The Garden Collection/**Liz Eddison, paysagiste : David MacQueen, Orangenbleu ; **224 en bas à droite : Clive Nichols,** paysagiste : Amir Schlezinger, Mylandscapes, Londres ; **225 à gauche : Clive Nichols,** paysagiste : Charlotte Sanderson ; **225 : John Brookes ; 226 à gauche : The Garden Collection/**Marie O'Hara ; **226 à droite : John Glover,** paysagiste :

Stephen Woodhams, Chelsea Flower Show 1997 ; **227 à gauche : Garden Exposures Photo Library :** Heronswood ; **227 à droite : John Glover,** paysagiste : Stephen Woodhams, Chelsea Flower Show 1997 ; **229 : Marianne Majerus Photography,** paysagiste : Susanne Blair ; **230 : Colin Walton ; 231 en haut à gauche : John Glover,** paysagiste : Landart. Hampton Court Flower Show 2000 ; **231 en haut à droite : Derek St Romaine ; 231 en bas à gauche : Leigh Clapp,** paysagiste : Anthony Tuite ; **231 en bas à droite : John Glover,** paysagiste : J Baille ; **232 en haut : Leigh Clapp,** paysagiste : Jill Fenwick ; **232 en bas : The Garden Collection/**Derek Harris ; **233 : Colin Walton,** paysagiste : Ryl Nowell, Cabbages and Kings ; **234 en haut à gauche : John Glover,** artiste : Marion Smith ; **234 en haut à droite : Derek St Romaine,** paysagiste : Liz Robinson, Hampton Court Flower Show 2003, 'The Garden of Words' ; **234 : Clive Nichols,** artiste : Pat Volk/Hannah Pescher Gallery, Surrey ; **235 : Clive Nichols,** paysagiste : David Harber ; **236 The Garden Collection/**Liz Eddison ; **237 : Marianne Majerus Photography,** paysagiste : Julie Toll ; **238 : Marianne Majerus Photography,** paysagiste : Claire Mee ; **239 à gauche : Garden Exposures Photo Library :** Gennets, Napa Valley, Californie ; **239 en haut au centre : Nicola Stocken Tomkins,** paysagistes : T Dann et S Beadle, Chelsea Flower Show 2004 ; **239 en haut à droite : The Garden Collection/**Liz Eddison, paysagiste : Julie Zeldin ; **239 en bas au centre : Garden Exposures Photo Library :** Thompson Brookes ; **239 en bas à droite : Leigh Clapp ; 240 :** Di Lewis/**elizabethwhiting.com ; 241 Clive Nichols,** paysagiste : Peter Reid, Hampshire ; **242 à gauche :** Michael Dunne/**elizabethwhiting.com ; 242 à droite : Steve Wooster :** Liz Morrow ; **243 à gauche : Jerry Harpur,** paysagiste : Steve Martino, Phoenix, Etats-Unis ; **243 à droite : Marianne Majerus Photography ; 244 : Marion Brenner :** Bernard Trainor Design Associates, Californie, Etats-Unis ; **245 en haut et au centre : www.garpa.co.uk +44 (0) 1580 201 190 ; 245 en bas : Photolibrary.com/**Marion Brenner ; **246 : www.garpa.co.uk ; 247 en haut : Nicola Browne,** paysagiste : Kim Wilkie ; **247 en bas : www.garpa.co.uk ; 248 : www.garpa.co.uk ; 249 en haut et en bas à droite : www.garpa.co.uk ; 249 en bas à gauche : Colin Walton ; 250 à gauche : Clive Nichols,** paysagistes : Joe Swift et Thamasin Marsh ; **250 à droite : Andrew Lawson,** paysagiste : Dan Pearson ; **251 : Marianne Majerus Photography,** paysagiste : Paul Cooper ; **252 : The Garden Collection/**Liz Eddison, paysagiste : Shirley Roberts ; **253 en haut : Clive Nichols,** paysagiste : Alison Wear Associates ; **253 en bas à gauche : Modeste Herwig,** paysagiste : Buro Vis-à-vis ; **253 en bas à droite : Derek St Romaine,** paysagiste : Philip Nash/Robert van den Hurk ; **255 : Marianne Majerus Photography,** paysagiste : Sally Brampton ; **256 : Garden Exposures Photo Library,** paysagiste : James Hitchmaugh, Sheffield ; **257 : Derek St Romaine ; 258-259 Anne Green-Armytage ; 261 : Sunniva Harte,** paysagiste : Michele Barker ; **262 en haut : Nicola Browne,** paysagiste : Kristof Swinnen ; **262 en bas : Leigh Clapp :** Merriments Garden ; **263 : John Glover,** paysagiste : Fiona Lawrenson ; **264 : DK Images/**Roger Smith ; **265 en haut : DK Images/**Roger Smith ; **265 en bas à gauche : DK Images/**Andrew Lawson ; **265 en bas à droite : DK Images/**Eric Crichton ; **266 en haut à gauche : DK Images ; 266 en haut à droite : DK Images/**Eric Crichton ; **266 en bas à gauche : DK Images/**Steve Wooster ; **266 en bas à droite : DK Images/**Anne Hyde ; **267 en haut : DK Images/**Andrew Lawson ; **267 en bas : DK Images ; 268 : DK Images ; 269 à gauche : DK Images/**James Young ; **269 à droite : DK Images/**Andrew Lawson ; **270 en haut : DK Images ; 270 en bas : DK Images/**Roger Smith ; **271 à gauche : DK Images/**Roger Smith ; **271 à droite : DK Images/**Juliette Wade ; **272 à gauche : DK Images/**Jonathan Buckley ; **272 à droite : DK Images/**Eric Crichton ; **273 : DK Images ; 274 à gauche : DK Images/**Roger Smith ; **274 en haut à droite : DK Images/**Eric Crichton ; **274-275 en bas : DK Images/**Steve Wooster ; **275 en haut : DK Images/**Deni Bown ; **275 en bas à droite : DK Images/**John Glover ; **276 en haut : DK Images/**Andrew Henley ; **276-277 en bas : DK Images/**Roger Smith ; **277 : DK Images/**Roger Smith ; **278 à gauche : DK Images/**Roger Smith ; **278 à droite : DK Images/**Andrew Lawson ; **279 : DK Images ; 280 : DK Images/**James Young ; **281 à gauche : DK Images/**John Glover ; **281 à droite : DK Images ; 282 à gauche : DK Images/**Roger Smith ; **282 à droite : DK Images/**Howard Rice ; **283 à gauche : DK Images ; 283 à droite : DK Images/**Roger Smith ; **284 à gauche : DK Images/**Roger Smith ; **284 à droite : DK Images/**Andrew Butler ; **285 : DK Images/**Andrew Lawson ; **286 en haut : DK Images/**Roger Smith ; **286 en bas : DK Images ; 287 en haut : DK Images/**Roger Smith ; **287 en bas : DK Images/**Andrew Lawson ; **288 : Marianne Majerus Photography,** paysagiste : Brita von Schoenaich, Chelsea Flower Show 2000 ; **289-290 : DK Images ; 291 en haut : DK Images/**James Young ; **291 en bas : DK Images ; 292 : Clive Nichols :** Laurent-Perrier Harpers & Queen Garden, Chelsea Flower Show 2001 ; **293 en haut : DK Images/**Neil Fletcher ; **293 en bas à gauche : DK Images ; 293 en bas à droite : DK Images/**Colin Walton ; **294 : DK Images/**Roger Smith ; **294 en bas à gauche : DK Images ; 294 en bas à droite : DK Images/**Howard Rice ; **295 en haut : DK Images/**Andrew de Lory ; **295 en bas à gauche : DK Images ; 295 en bas à droite : DK Images/**Sarah Cuttle ; **296 : Janet Johnson ; 297en haut : DK Images/**Howard Rice ; **297 en bas à gauche : DK Images ; 297 en bas à droite : DK Images/**Sarah Cuttle ; **298 en haut et en bas à gauche : DK Images ; 298 en bas à droite : DK Images/**Eric Crichton ; **299 : DK Images/**Neil Fletcher ; **300 : John Glover,** paysagistes : Smith et Alder, Hampton Court Flower Show 2004 ; **301 en haut à gauche : DK Images ; 301 en haut à droite : DK Images,** Jerry Harpur ; **301 en bas à gauche : DK Images/**Roger Smith ; **302 en haut : DK Images/**James Young ; **302 en bas : DK Images ; 303 en haut à gauche : DK Images ; 303 en haut à droite : DK Images/**Andrew Lawson ; **303 en bas à gauche : DK Images/**Howard Rice ; **303 en bas à droite : DK Images/**Peter Anderson ; **304 : Jerry Harpur :** Cloudehill, Olinda, Victoria, Australie ; **305 : www.helenfickling.com,** paysagiste : Amir

Schlezinger, Mylandscapes, Londres ; **306 : DK Images ; 307 en haut : DK Images/**Roger Smith ; **307 en bas : Garden Picture Library/**NouN ; **308 : John Glover :** Chelsea Flower Show 1991, *Daily Express* ; **309 : Jerry Harpur,** paysagiste : Peter Nixon, Paradisus Design, Sydney, Australie ; **310 en haut : DK Images/**Roger Smith ; **310 en bas : DK Images ; 310-311 : Nicola Browne,** paysagiste : Ross Palmer ; **311 en bas à gauche : DK Images/**Roger Smith ; **311 en bas à droite : DK Images/**Eric Crichton ; **312-313 : DK Images ; 314 : Derek St Romaine,** paysagiste : Philip Nash pour Robert van den Hurkp ; **315 en haut à gauche : DK Images/**Eric Crichton ; **315 en haut à droite : DK Images ; 315 en bas : DK Images/**Peter Anderson ; **316 en haut : DK Images/**Clive Boursnell ; **316 en bas : DK Images ; 316-317 : DK Images ; 318 : Marianne Majerus Photography ; 319 : Andrew Lawson,** paysagiste : Dipika Price ; **320 : DK Images ; 321 en haut et en bas à gauche : DK Images ; 321 en haut à droite : DK Images/**John Glover ; **321 en bas à droite : DK Images/**Eric Crichton ; **322 en haut à gauche : DK Images/**James Young ; **322 en haut à droite : DK Images/**Beth Chatto ; **322 en bas : DK Images ; 323 en haut : DK Images/**James Young ; **323 en bas : DK Images ; 324 : Jerry Harpur,** paysagiste : James Fraser pour Biddy Bunzle ; **325 en haut à gauche : DK Images ; 325 : Marianne Majerus Photography ; 325 en bas : Garden World Images ; 326 en haut à gauche : DK Images/**James Young ; **326 en haut à droite : The Garden Collection/**Marie O'Hara ; **326 en bas : DK Images/**Colin Walton ; **327 en haut à gauche : Garden Picture Library/**Marijke Heuff ; **327 en haut à droite : DK Images ; 327 en bas : DK Images/**Roger Smith ; **328 : Steve Wooster,** paysagiste : Gordon Collier ; **329 à gauche : DK Images/**Roger Smith ; **329 à droite : DK Images ; 330 à gauche : DK Images/**John Fielding ; **330 en haut : DK Images/**Howard Rice ; **330 en bas à droite : DK Images/**John Glover ; **331 en haut et en bas à gauche : DK Images/**Howard Rice ; **331 en bas à droite : DK Images/**James Young ; **332 : Garden Picture Library :** Janet Seaton, paysagiste : Charles Carey ; **333 en haut : DK Images ; 333 en bas : DK Images/**Colin Walton ; **334 en haut à gauche : DK Images ; 334 en haut à droite : Garden World Images ; 334 en bas : DK Images/**Deni Bown ; **335 en haut : John Glover ; 335 en bas à gauche : The Garden Collection :** Liz Eddison, paysagiste : Chris Beardshaw, Hampton Court Flower Show 2004 ; **335 en bas à droite : Garden Picture Library/**Clive Nichols ; **336-337 : Garden Picture Library/**Ron Sutherland ; **338-339 : DK Images ; 340 : DK Images ; 341 en haut : DK Images ; 341 en bas à gauche : DK Images/**Beth Chatto ; **341 en bas à droite : DK Images/**Eric Crichton.